Enderby,
39 rue de la Bienfaisance
75008 Paris

ISBN : 9 782958 197315

Delphine Jouenne

Démostalgie

De la rupture du citoyen avec le politique

éditions enderby

Sommaire

Avant-propos

Démostalgie, de la rupture du citoyen avec le politique est né d'une réflexion que je mène sur l'évolution de notre langue comme écho de notre société en mutation. La langue, forme élaborée de la culture, permettant les échanges, est constitutive du lien social qui se vide peu à peu de son histoire. Plusieurs années à analyser les mots et les expressions de notre quotidien à travers l'ouvrage annuel *Un Bien Grand Mot* mais également à l'occasion d'articles rédigés en réaction à l'actualité m'ont amenée à dresser ce triste constat: le dialogue est rompu.

Nous avons vu la langue française mais aussi la société changer au rythme d'un monde en accélération. Mais depuis plusieurs décennies les choses sont allées très rapidement dans un contexte de crises sans précédents et à tous niveaux. Sur le fil ténu de notre rapport à la vérité, nos certitudes ont été mises à rude épreuve. Les passions tristes : colère, indignation, haine, se sont développées avec plus de vigueur. Peut-être avions-nous cru à un monde si certain qu'il nous semblait possible d'en maîtriser le cadre sans envisager la rupture, qu'elle soit climatique, géopolitique, sanitaire, sociétale. Nous avions la méthode et nous avions les doutes mais c'était sans compter sur l'onde de choc de ces derniers mois. Les Français semblent repus au point de ne plus pouvoir bouger, ayant si peur de tout perdre qu'ils ne veulent plus rien risquer, ni gagner.

Chef d'entreprise mais également élue locale, au contact direct avec des citoyens, j'ai pu constater cette incompréhension, qu'elle soit environnementale, générationnelle, sociale, sociétale, qui peu à peu renforce notre individualisme. Sans filtre et à bâtons rompus, les discussions sur les marchés, dans des troquets ou tout simplement dans la rue m'ont permis de recueillir une parole libre de citoyens déboussolés mais également désabusés par une société repliée sur elle-même incapable de penser un avenir commun. Chacun tentant, autant que faire se peut, de se préserver d'une forme de négativité ambiante renforcée par un flux d'informations anxiogènes et parfois contradictoires.

Pour tenter de prendre un peu de hauteur et tout simplement comprendre, j'ai créé en mai 2022 le média À priori(s) partant du postulat qu'il n'existait pas une seule vérité, un seul territoire français, une seule façon de réussir, une seule façon de comprendre les événements qui se déroulent sous nos yeux chaque jour et qui bousculent nos habitudes, notre société, nos parcours, nos lieux de vie. À la rencontre d'intellectuels, d'experts et de décideurs, nous avons pu confronter des idées, des points de vue pour proposer une approche argumentée et construite pour repenser nos modèles de sociétés dans ce monde d'immédiateté et bien souvent en mal de nuance. Les diagnostics convergents sur l'état de notre démocratie et son système de délibération mais également l'attachement des Français à la politique m'ont donc amenée à prendre à nouveau la plume pour partager le fruit de ces réflexions.

J'ai souhaité également conforter ces intuitions avec une approche plus quantitative, au plus près des Français. C'est la raison pour laquelle j'ai réalisé, avec l'institut Happydemics, un sondage auprès d'un échantillon représentatif de 1 043 Français et dont je vous partagerai les résultats édifiants.

La rédaction de cet ouvrage m'a amenée à dresser un tableau parfois sombre et critique de la politique que nous vivons aujourd'hui. Elle n'est cependant, en aucune façon, une remise en question de notre système démocratique. Cet essai repose sur un travail de recherches, constats et témoignages avec la seule et unique volonté de retrouver collectivement l'envie de faire société. Fervente partisane de la nuance, je pense que les critiques formulées ne doivent pas nous conduire à des positions et des scénarios brutaux. Mon unique souhait étant d'ouvrir le champ des possibles pour retrouver une confiance mutuelle et durable et dans un premier temps renouer le dialogue.

Les mots ne feront chair qu'au moment où ils seront « réciproques », c'est-à-dire lorsqu'ils seront entendus de tous. Sans compréhension mutuelle, il subsiste une fracture, celle qui met à mal l'unité et la construction d'un avenir commun. Et cette fracture semble bien réelle entre les citoyens et les politiques.

Introduction

Le dialogue est rompu car la confiance n'est plus. Ces derniers mois, nous avons été parfois les témoins, souvent les acteurs de *scénarios* imprévisibles qui ont particulièrement mis à mal notre collectif : des mouvements de colère et des manifestations, une crise sanitaire, une urgence climatique sans précédent mais également une guerre. Ce contexte a gangrené petit à petit notre société où le mal vivre semble être devenu légion. Cette fracture sociale, alimentée par le désir d'immédiateté insuffle peu à peu la mort du nous. Depuis plusieurs mois, voire plusieurs années, des intellectuels, chercheurs, philosophes, professeurs dressent ce même constat alarmant d'un affaiblissement des croyances collectives, fruit d'un désenchantement progressif vis-à-vis du contrat social et dans une certaine mesure de la démocratie représentative. Nous ne faisons plus société, nous faisons désormais système.

La lassitude s'est installée, se radicalisant en défiance vis-à-vis des institutions, de leurs représentants mais également de son prochain. Entre guerre des convictions et paix des compromis, notre organisation politique ne nous a jamais semblé aussi fragile, alors même qu'elle représente le fondement de notre collectif. Alors, elle compose sans fin pour tenter d'ordonner le chaos. Entre accélération des décisions, nouveaux rapports au temps, élasticité de l'espace et remises en cause des certitudes, difficile de trouver une ligne de conduite.

« La rupture est une déchirure », comme le souligne Claire Marin dans son ouvrage *Rupture(s)*, elle *« n'est pas nécessairement visible, fracassante, elle se fait parfois sans changement flagrant, mais à travers des décisions intérieures, des orientations nouvelles, dans l'abandon de certains pans de l'existence qui cessent d'être vivants. »*[1]

Cette défiance généralisée vis-à-vis de nos institutions, ce fossé qui se creuse entre citoyens et politiques méritent que l'on mette un mot sur ces maux : *démostalgie*. Au même titre que le philosophe australien Glenn Albrecht en 2003 a créé le mot solastalgie pour tenter de décrire le sentiment de profonde détresse que nous pouvons ressentir face au spectacle imposé de la dégradation de la nature et la prise de conscience de l'irréversibilité de nos actes, difficile de ne pas ressentir une inquiétude, une crainte qui se traduit par des chiffres éloquents : 83% des Français indiquent ainsi être inquiets face à une possible dégradation du système démocratique français[2]. Plus grave peut-être est la tendance en cours car 72% indiquent que leur confiance s'est altérée ces dernières années. Nous constatons, en effet, une forme de fatigue morale du pays et des citoyens, déçus, tristes mais se sentant également dépossédés de ce qui faisait de notre organisation, une structure stable et rassurante.

Le néologisme démostalgie est construit sur le grec *demos* qui signifie le peuple. Le suffixe « algie » du grec *algos* se traduit par

1 Claire MARIN, *Rupture(s)*, Éditions de l'Observatoire, 2019
2 Sondage réalisé par Happydemics pour *Démostalgie*. « Existe-t-il une cassure du lien entre les citoyens et la vie politique en France ? », février 2023. Échantillon de 1 043 répondants représentatifs de la population française en genre, âge et niveau de diplôme.

douleur ou tristesse en français. Le terme fait également écho à la définition initiale médicale de la nostalgie, donnée par Johannes Hofer en 1688 pour désigner le mal du pays ressenti par les migrants ou les soldats par exemple. Dans sa thèse *Dissertation médicale sur la nostalgie*, il décrit le désarroi émotionnel de certains mercenaires suisses au service de Louis XIV contraints de rester loin de chez eux et affectés par un mal les conduisant à la mort s'ils ne rentraient pas. Un éloignement digne des compagnons achéens d'Ulysse dans *L'Odyssée*. C'est également un clin d'œil à l'ostalgie, cette nostalgie de l'ex-RDA, se traduisant par un engouement pour ses objets obsolètes dignes du scénario du film *Good Bye Lenin !*.

La démostalgie renvoie donc à la douleur de perdre son refuge, son lieu de réconfort et la perte de repères vis-à-vis des institutions mais surtout de leurs représentants. C'est également le regret de ce que l'on a connu avec la volonté d'un retour dans le passé (nous constatons à quel point nombreux sont les Français à regretter des temps anciens) mais c'est aussi le regret de ce que l'on n'a pas eu ou pas connu, ce désir insatisfait qui se traduit chez les plus jeunes par une attitude radicale au sens négatif du terme. Dans le premier cas, elle se traduit par l'immobilisme et dans le second une mise en mouvement.

La démocratie athénienne a vu le jour en Ve siècle avant J.-C. dans un contexte de grave crise politique liée à l'esclavage pour dettes touchant un grand nombre de paysans, mais également au développement de la monnaie et des échanges commerciaux faisant naître une nouvelle classe sociale urbaine et aisée mettant en difficulté le monopole des nobles dans la sphère politique. Face à cette crise, de nombreuses cités modifièrent leur organisation faisant apparaître, à Athènes, une forme de démocratie pour les hommes libres.

Plusieurs siècles plus tard, la machine semble grippée et nous sommes dépossédés de notre démocratie représentative devenue illisible entre un avenir sacrifié par nos dirigeants au profit d'un présent électoral qui dégrade le débat, la perte du courage de nos leaders et l'incapacité à décoder un monde qui s'accélère et se transforme sans qu'on ait eu le temps de l'appréhender. Cette inquiétude amène *de facto* à la recherche d'un cocon qui se traduit par un attachement de plus en plus fort au foyer et conduit à un repli sur soi, à un individualisme exacerbé. Paradoxalement, nous n'avons jamais autant cherché l'autre, si l'on regarde le nombre exponentiel de communautés sur les réseaux sociaux, entre autres, devenant de petites structures collectives à part entière, alimentées parfois par des facteurs identitaires.

Or, cette inquiétude est réciproque, il n'existe pas de personnalité politique qui n'ait fait le constat de cette fracture, de cette colère grandissante qui se manifeste par la radicalité mais aussi la violence. Selon un autre sondage Happydemics[3] réalisé en septembre 2022 sur le même type d'échantillon, 73% des sondés ne se sentent pas ou plus écoutés et 65% d'entre eux estiment que la politique ne pourra pas apporter de réponses concrètes à leur vie quotidienne. Quel paradoxe ! Jamais un gouvernement n'a fait autant pour le pouvoir d'achat, mais sans colonne vertébrale, sans projet collectif, il nous semble impossible de mesurer les effets de décisions prises qui, telles des touches impressionnistes, sont devenues illisibles...

3 Sondage réalisé par Happydemics, « Quelle relation les Français entretiennent-ils avec la vie politique, et comment l'améliorer ? », septembre 2022. Échantillon de 1 079 répondants représentatifs de la population française en genre, âge et niveau de diplôme.

Plus une structure est organisée, comme notre société démocratique, plus son entropie est faible. L'entropie de la société caractérise la quantité d'énergie dépensée pour faire des choses inutiles et non productives qui font obstacle au bon fonctionnement. Et cette entropie culturelle atteint son apogée quand le système atteint lui aussi un état de désordre total contre lequel on lutte en y insufflant de l'énergie. Cette lutte nous fatigue, nous lasse, créant et générant cette tristesse et cette crainte de la perte de nos repères démocratiques, du lien qui se fracture avec nos politiques. Y a-t-il quelque chose de pourri au royaume de France ? Une question shakespearienne que nous pourrions nous poser si nous envisagions le sujet sous un angle négatif. Faisons le choix, au contraire, de l'optimisme car des solutions existent. La rupture offre généralement une seconde chance, une forme de renaissance ou de nouveau départ. Comme le souligne Gilles Deleuze[4] dans *Critique et clinique*, la vie est *« une phrase un peu folle avec ses changements de direction, ses bifurcations, ses ruptures et ses sauts, ses étirements, ses bourgeonnements, ses parenthèses »*. La promesse et la confiance en l'avenir sont et seront toujours patientes et endurantes si nous ne tombons pas dans une forme d'accoutumance. Réveillons-nous !

4 Gilles DELEUZE, *Critique et clinique*, Les Éditions de minuit, 1993

« Une démocratie ne vaut et ne dure que si elle sait refondre constamment dans la communauté nationale l'individualisme qu'elle fait naître. »

Jacques de Lacretelle

PREMIÈRE PARTIE

Chronique d'une démostalgie annoncée

Prendre conscience des causes et symptômes d'une maladie française

Des causes profondes

La démostalgie, ce sentiment de profonde détresse que nous pouvons ressentir face au spectacle imposé de la dégradation de notre rapport à la démocratie et l'inquiétude face à l'irréversibilité de nos actes, mène à divers symptômes : tristesse, anxiété, perte de confiance... Confrontés à notre démocratie en difficulté, les citoyens que nous sommes souffrent de cette pathologie que notre organisme a développé en lui-même et qui n'est pas née sous l'effet d'un agent pathogène mais en relation avec un environnement participant à son déclenchement. La conjonction de l'individualisme, d'une perte de repères, la montée en puissance des réseaux sociaux et du règne de l'opinion, la décrédibilisation des politiques et le flou d'un avenir commun dans un contexte de guerre mais aussi d'urgence écologique peut faire perdre pied. C'est l'ensemble de ces facteurs qui nous amènent à développer cette démostalgie, ce vague à l'âme de la démocratie.

Le collectif en danger

Faire société, un vœu pieux qui ne semble plus aller de soi. En effet, 20% seulement des Français se sentent appartenir à une société plutôt qu'à un système et ils sont 13% des 25-34 ans.[5] Cette pathologie est-elle pour autant généralisée ou se limite-t-elle à notre société moderne et démocratique dont les relations sont de plus en plus limitées ou mises à mal par le système que nous avons nous-mêmes créé ? Du latin *individuus* issu du grec *atomon* : « indivisible », l'individualiste désigne un être concret reconnaissable par l'unité des caractères qui le déterminent. En sociologie, à la différence de l'être humain, l'individu fait partie d'une famille, d'un groupe ou d'une communauté. Dès lors que l'individu prime sur ce groupe, on parle d'individualisme. Et l'égoïsme dans tout cela ? En réduisant l'autre au non-moi, celui-ci s'autorise tout. Popularisé par Pascal pour mieux le ridiculiser, le moi est haïssable. Ayn Rand, philosophe américaine, prendra le contrepied de cette pensée, estimant, dans son essai *La Vertu d'égoïsme*[6], que seuls comptent l'ego et la défense de ses intérêts. Mais revenons à l'individualisme. On peut faire ici la distinction entre l'individualisme qui n'est pas en soi une mauvaise chose mais plutôt la conséquence d'un progrès d'émancipation individuelle de nos sociétés et l'égoïsme qui en est le penchant néfaste.

5 Sondage Happydemics réalisé pour *Démostalgie*
6 Ayn RAND, *La Vertu d'égoïsme*, Les Belles Lettres, 2008

L'individualisme, s'il conduit à la liberté de l'individu, et *in fine* de l'humanité, est souhaitable comme l'a précisé André Comte-Sponville lors d'une intervention aux Entretiens de Royaumont en décembre 2022[7]. Alain Laurent a analysé finement la question dans son livre *De l'individualisme*[8]. « *Assuré de soi et dénué d'arrière-pensées intéressées, l'individualiste est cet être qui sait trouver le plaisir de son propre accomplissement en compagnie de ceux qu'il aime et apprécie. Bien plus, loin de demeurer replié sur un doux cocon affectif, il se paie le luxe de redonner son vrai sens à l'idéal d'association : coopérer librement avec des partenaires choisis afin de satisfaire ses intérêts propres*, souligne-t-il. Il ajoute que *l'irruption concrète de l'individualisme procède non pas d'une tendance au repli sur soi, mais d'une soif de liberté et de choix, d'un désir de vie toujours plus ouverte qui en sont tout le contraire et passent par le refus du véritable et suprême repli humain : végéter dans le confinement et la clôture du groupe.* »

Dès 1835, Alexis de Tocqueville dans *De la démocratie en Amérique*[9] alertait cependant des dangers possibles du désengagement social mais aussi du désintérêt pour la chose publique : « *L'individualisme est un sentiment réfléchi qui dispose chaque citoyen à s'isoler de la masse de ses semblables de telle sorte que, après s'être créé une petite société à son usage, il abandonne volontiers la grande société à elle-même.* » Affaiblissement des croyances religieuses, désintérêt mais également perte de confiance dans la politique, exhortation à un retour sur soi et à son bien-être, le tout parsemé d'un consumérisme à outrance… tels sont les facteurs déclenchant d'un moi surpuissant.

7 André COMTE-SPONVILLE, Discours d'ouverture des Entretiens de Royaumont, 2 décembre 2022

8 Alain LAURENT, *De l'individualisme, enquête sur le retour de l'individu*, Presses universitaires de France, 1985

9 Alexis de TOCQUEVILLE, *De la démocratie en Amérique*, Flammarion, 2010

Tocqueville poursuit : chaque homme *« retiré à l'écart, est comme étranger à la destinée de tous les autres ; ses enfants et ses amis particuliers forment pour lui toute l'espèce humaine. Quant au demeurant de ses concitoyens, il est à côté d'eux mais ne les voit pas ; il les touche mais ne les sent point. »* C'est bel est bien l'individualisme naissant qui est décrit avec pour seul refuge le foyer. La crise de la Covid et le confinement mis en place ont accentué un peu plus ce retour au foyer. Nous sommes devenus, le temps de quelques semaines, des *Hikikomori*, ces Japonais qui s'enferment chez eux, n'en bougeant plus et communiquant uniquement via les réseaux sociaux. Un résumé parfait de notre quotidien ces mois passés, une vie dans une bulle totalement aseptisée, sans lien social et avec pour seule fenêtre sur le monde extérieur, le digital. Au fond, et comme le résume l'anthropologue américaine Sherry Turkle (*Seuls ensemble*, 2015)[10], on est de plus en plus seuls, mais ensemble.

Parallèlement, cette crise de la Covid a mis à l'épreuve notre collectif face à la vaccination et notre interdépendance en matière de santé. On peut entendre le scepticisme de ceux qui s'inquiétaient face à des vaccins innovants sans pour autant tomber dans le complotisme. La résistance dont certains ont fait preuve durant les pics de la pandémie peut être perçue comme une réappropriation de sa santé et des décisions qui concernent son propre corps. Mais cette posture est problématique dès lors que nous ne sommes pas isolés et que nous partageons collectivement une vulnérabilité. La Covid nous a rappelé que nous étions liés, les uns aux autres.

Retour sur soi, écoute de son bien-être, coaching en tous

10 Sherry TURKLE, *Seuls ensemble : de plus en plus de technologies, de moins en moins de relations humaines*, L'Échappée, 2015

genres pour retrouver son moi et se connecter à sa personne… nombreuses sont aujourd'hui les exhortations au bien-être et à l'écoute de nos désirs, comme une forme de progrès. En 1976, l'écrivain Tom Wolfe[11] qualifiait déjà ces années comme la décennie du moi. Pour le philosophe Mathias Roux dans son ouvrage *La Dictature de l'ego*[12] *« il n'y aurait pas une telle pléthore de produits sans le débouché psychologique d'esprits contemporains de plus en plus nombreux à verser en direction du narcissisme. »* Nous ne sommes désormais plus très loin du tout-à-l'ego… L'époque est à « l'hypertrophie du moi » qui nous amène à être beaucoup influençables mais également de moins en moins politisés. Dans un entretien pour *Le Figaro* daté du 28 novembre 2022[13], Luc Ferry ajoute : *« Quand le souci du bien commun et l'esprit de sacrifice s'estompent sous l'effet de la logique déconstructrice de l'innovation capitaliste si bien décrite par Schumpeter, une logique paradoxalement renforcée par le gauchisme de la pensée de Mai 68, le souci de soi narcissique érigé en modèle de vie et la quête du bonheur personnel deviennent les seules et uniques finalités existentielles d'un individu déboussolé. »*

Or, la finalité de la démocratie c'est le bien-être de chacun mais une certaine forme d'individualisme peut amener à corrompre la démocratie. L'homme devient alors sa propre finalité, prend le pas sur le citoyen et met à mal le collectif. Or, paradoxalement, nous n'avons jamais eu autant besoin des autres que pour recevoir une validation via les réseaux sociaux. Selon le sociologue et historien Christopher Lasch

11 Tom WOLFE, *The "Me" Decade, reports on the America's New Great Awakening, New York Magazine*, 23 août 1976

12 Mathias ROUX, *La Dictature de l'ego*, Larousse, 2018

13 Luc FERRY, entretien pour *Le Figaro,* « Narcissisme et bonheur personnel sont devenus l'alpha et l'oméga de toute vie », 28 novembre 2022

dans son livre *La Culture du narcissisme*[14], « *malgré ses illusions sporadiques d'omnipotence, Narcisse a besoin des autres pour s'estimer lui-même ; il ne peut vivre sans un public et les contraintes institutionnelles ne lui apportent pas, pour autant, la liberté d'être autonome et de se complaire dans son individualité* ». Sans miroir, difficile de se valider...

L'équilibre de la démocratie libérale réside dans cette contradiction dynamique entre le collectif et l'individu. Alors certes, on peut considérer que les processus d'individuation étaient nécessaires pour se libérer de certaines structures du passé mais comment aujourd'hui pouvons-nous trouver une forme d'équilibre pour renouer avec le collectif que seules de nos jours semblent proposer des communautés fragmentées ? Les limites de l'économie de marché sont petit à petit atteintes, la surabondance de biens matériels est remise en question, la quête de spiritualité dans un monde de moins en moins religieux est de plus en plus plébiscitée, et si ces facteurs nous amenaient à revoir nos priorités ?

Dans notre société de consommation, nous avons développé un rapport utilitariste au monde qui nous entoure, avec, en tête, que le rôle de la société est d'apporter le plus grand bonheur – conçu comme la somme des plaisirs de chacun – pour le plus grand nombre. Ainsi l'individu dont la devise pourrait être « un maximum de choses dans un minimum de temps pour un plaisir rapide et éphémère » consomme, jette et zappe. Mais est-ce que le bonheur peut se limiter à une somme de plaisirs ? Le consumérisme citoyen est aussi lié à l'essor d'une économie du moindre effort : on ne cuisine plus, on se fait désormais livrer, on ne va plus faire ses courses, on les

14 Christopher LASCH, *La Culture du narcissisme*, Flammarion, 2018

commande en ligne selon ses envies et ses oublis, on n'attend plus la semaine suivante pour voir les prochains épisodes de sa série préférée, on les consomme les uns après les autres. Omniprésents, les géants du numérique façonnent notre rapport au temps en faisant de l'impatience la norme absolue. Difficile de demander aux Français de se soucier du long terme dans une économie de l'instantanéité.

L'individualisme à la frontière avec le narcissisme se nourrit de plusieurs risques qui se juxtaposent aujourd'hui rendant nos sociétés de plus en plus éruptives :

→ Un accroissement du temps libre et du désœuvrement qui pourrait venir renforcer une crise économique d'ampleur. Nous ne savons plus que faire de notre temps libre. *Quiet quitting*, grande démission, tracances, voire épidémie de flemme… notre rapport au travail a changé. Selon un rapport de la Fondation Jean-Jaurès et Ipsos[15], seuls 24% des Français estiment que leur travail est important contre 69% en 1990. Les conditions de travail qui sont remises en cause dans un contexte post-Covid et d'urgence écologique nous amenant à rechercher du sens et à remettre en cause notre organisation du temps de travail et l'équilibre entre la vie professionnelle et la vie privée.
→ Le principe de télétravail et de retour à la maison qui a accentué le phénomène. Nous sommes conduits à un repli sur soi et le plaisir de « chiller » à la maison devient un Graal totalement assumé. Désormais le plateau TV est plébiscité là où, il y a encore quelques années, on sortait faire la fête avec ses amis. Mais quand on propose aux plus

15 Rapport de Jérôme FOURQUET et Jérémie PELTIER pour la Fondation Jean-Jaurès : « Grosse fatigue et épidémie de flemme : quand une partie des Français a mis les pouces », novembre 2022

jeunes de sortir, il n'est pas rare de recevoir un mot pour unique réponse : « flemme ». Selon Olivier Babeau dans les premiers feuillets de son ouvrage *La Tyrannie du divertissement*[16], le temps libre peut être utilisé de trois façons : pour développer sa relation aux autres, se développer soi-même ou se divertir. Alors qu'un juste équilibre entre les trois est recommandé, le divertissement par le truchement des écrans semble avoir totalement absorbé ce que nous sommes. Les réseaux sociaux ont transformé notre rapport aux autres, nous faisant croire que nous sommes ensemble alors même que nous n'avons jamais été aussi seuls.

→ Le développement des attentes de nos concitoyens qui aspirent à une satisfaction immédiate et qui dans le cas contraire n'hésitent pas à passer à l'action contestataire, voire violente.

Ces aspects génèrent le ralliement d'individus à des causes de plus en plus extrêmes et expliquent en partie la montée en puissance de mouvements radicaux. Nos dirigeants politiques, qui sont soumis aux injonctions médiatiques, aux faits divers chargés émotionnellement et au calendrier électoral, disposent d'un horizon souvent très flou, ce qui peut donner parfois le sentiment qu'ils naviguent à vue, sans projet clairement défini. Ce flou est alimenté par un cadre normatif fluctuant, des mesures prises selon les circonstances générant une désynchronisation entre les court, moyen et long termes. Le cap du dirigeant politique n'en devient que moins lisible, moins compréhensible, ce qui creuse, *de facto*, un fossé avec les citoyens.

16 Olivier BABEAU, *La Tyrannie du divertissement*, Buchet-Chastel, 2023

Un sentiment de déclassement

Le citoyen français aujourd'hui a le sentiment d'être dépossédé de son destin, de sa position qu'il pensait privilégiée par rapport au monde. Il veut toujours plus mais garde en lui le sentiment d'avoir moins que les autres, ce qui produit de l'aigreur.

« *Nous sommes dans un pays profondément inquiet de sa place dans le monde. Depuis des décennies maintenant, le sentiment qui monte est celui d'un déclin, voire d'un décrochage à l'égard des "pays industriels avancés" comme on a pu les décrire. L'anxiété collective, forte, constitue l'une des composantes du malheur français.* » constate Marcel Gauchet[17] dans une interview pour À priori(s) en avril 2022. Par exemple, la France post-crise de la Covid connaît un véritable décrochage en matière d'innovation et donc en compétitivité. Notre balance commerciale en témoigne tout comme la perte de parts de marché depuis plusieurs années. Ainsi, le déficit de la balance commerciale de 2022 a connu un plongeon historique à 163,6 milliards d'euros.

La France n'est plus compétitive : elle dépend de plus en plus de l'extérieur et subit de plein fouet la hausse du cours des matières premières et de l'énergie. La part de l'industrie

17 Marcel GAUCHET, « Il faut remédier au malheur français », interview pour À priori(s), 6 avril 2022

dans le PIB du pays s'est contractée de moitié en quarante ans pour arriver à 10,5% pour l'industrie manufacturière, très loin derrière l'Allemagne (plus de 20%). En vingt ans, l'industrie a perdu 24% de ses entreprises de plus de 20 salariés. De même, dans le domaine agricole, la France, ancienne puissance de premier plan, connaît un fort déclin en matière de production de viande, pouvant l'amener en 2030 à perdre un million de vaches et donc à dépendre davantage de l'international. Nombreux sont les classements anxiogènes qui rythment notre actualité et qui donnent à penser que la France connaît une perte de vitesse sous la pression de l'Europe mais aussi de la globalisation. L'Hexagone, par exemple, n'est que 20e dans le classement des pays les plus heureux selon l'étude annuelle World Happiness Report. On constate également qu'en matière d'éducation, notre pays peine à progresser selon l'enquête internationale Pisa. L'ensemble de ces classements qui fait généralement la une des grands médias entretient ce sentiment de déclassement et de dépossession dans un environnement ultra-concurrentiel, dans lequel la France n'aurait pas su se réinventer, malmenée par des pays plus novateurs.

Le ministre de l'Éducation nationale, Pap Ndiaye, alerte même dans une tribune au *Monde* de décembre 2022 « *Disons-le clairement : le niveau d'ensemble baisse !* »[18]

Dans son ouvrage, *La Mondialisation et ses ennemis*[19], Daniel Cohen avance l'idée selon laquelle la mondialisation a créé des attentes qu'elle ne peut pas satisfaire. Et la baisse des inégalités qui est une donnée chiffrée est sans cesse remise en cause par la perception que nous en avons du fait des nouveaux moyens de communication. Et cette perception alimente les sentiments d'injustice.

18 Pap NDIAYE, ministre de l'Éducation nationale et de la Jeunesse, tribune pour *Le Monde* « Pourquoi nous devons réformer l'école », 22 décembre 2022

19 Daniel COHEN, *La Mondialisation et ses ennemis*, Grasset, 2004

Le poids de plus en plus fort de la réglementation européenne renforce également ce sentiment de dépossession. Interrogés sur l'intérêt d'appartenir à l'UE, les Français se divisent en trois camps : 39% estiment ainsi que l'Europe apporte autant d'avantages que d'inconvénients ; 33% affirment que les inconvénients sont plus importants et 27% pensent au contraire que les avantages sont supérieurs aux inconvénients. Le traitement politique de l'Union européenne a une part de responsabilité de la vision que nous pouvons avoir de l'Europe.

Il n'est pas rare d'entendre que les contraintes rencontrées par notre pays viennent de ce système considéré comme une lourdeur administrative supplémentaire mettant à mal notre liberté nationale. Là où les victoires dans les débats à Strasbourg et les accords « arrachés » par nos politiques laissent à penser qu'ils ont dû mener un combat pour défendre notre destinée nationale face à une suprématie technocratique ne tenant pas compte de nos spécificités locales. Selon un rapport de la Fondation Jean-Jaurès[20], lorsqu'on interroge les Français sur le rapport de souveraineté entre l'Union européenne et leur pays, ils sont 58% à souhaiter que les pouvoirs de la France soient renforcés. Seuls 20% affirment l'inverse. Une nouvelle fois, la fracture sociale est visible puisque le désir du renforcement des pouvoirs de l'Europe est porté vers le haut par les cadres (32%), alors qu'aucune autre catégorie de la population ne voit ce taux de réponse dépasser les 20%. Mais, même chez les cadres - pourtant les plus europhiles -, il y a davantage de répondants favorables à une plus grande souveraineté des nations (45%). En définitive, 80% des

20 Rapport de Milan SEN, expert associé à la Fondation Jean-Jaurès : « Les Français et l'Europe : entre illusions perdues et appartenances nouvelles », octobre 2022

Français ne souhaitent pas voir l'Europe se renforcer dans ses prérogatives politiques.

À l'échelle encore plus proche, on constate également une vraie fracture entre la France périphérique et la France urbaine. L'impression de la première France étant d'être délaissée par la seconde, se sentant déclassée et devant faire face à la baisse d'investissements dans certains services publics de proximité. C'est la France de la voiture, celle qui est pénalisée par la hausse des prix du carburant et qui ressent une mise à l'écart culturel. Dans *L'Archipel français*[21], le politologue Jérôme Fourquet décrit une France multiple, fracturée, divisée, dans laquelle se côtoient mais ne se fréquentent pas des catégories de population différentes dont l'aigreur envers autrui ne fait que s'accentuer. Ce processus qui est encore en cours est lié à la dislocation de la matrice catholique pivot de la société française jusqu'au milieu du XXe siècle remplacée par la matrice républicano-laïque. D'où cette notion d'archipel choisie par l'auteur pour désigner des îles séparées mais qui forment un tout.

21 Jérôme FOURQUET, *L'Archipel français*, Seuil, 2020

Le règne de l'opinion

Internet est devenu un hémicycle virtuel et permanent où toutes les contraintes matérielles qui ont rendu nécessaire le système de la représentation tombent les unes après les autres : la distance, l'éparpillement, le temps disponible. Il ne reste plus que les raisons politiques et morales. Rien de plus facile aujourd'hui que d'allumer la mèche sur les réseaux sociaux. Caricature, séparatisme, vaccination, fermeture des écoles... Nombreux sont les sujets à éviter en société sous peine de réactions épidermiques voire de ruptures familiales.

Les opinions ne se confrontent plus dans des lieux privés (repas de famille, réunions amicales...) ou publics (bars, syndicats...) mais se retrouvent exprimées de façon exacerbée sur les réseaux sociaux devenus le porte-voix de l'opinion anonyme, décomplexée : la liberté d'expression illimitée sans responsabilité. « *L'urgence de l'information, la montée des réseaux sociaux, la multiplication des chaînes d'information 24h sur 24 concourent ensemble à la dégradation du débat public. Dans l'urgence, il est impossible de proposer de l'information de qualité, car cela coûte cher* », exprime Didier Pourquery dans une interview pour À priori(s) en mars 2022[22]. Autrefois, les médias et les responsables politiques étaient les principaux acteurs. D'autres sont apparus : l'opinion publique, à travers la

22 Didier POURQUERY, « Le courage de la nuance pour sauver le débat », interview pour À priori(s), 7 mars 2022

domination des sondages, et les réseaux sociaux, sur lesquels tous les excès sont permis. On croule sous les informations et les données. Cette abondance d'informations perturbe le jeu des rapports de force, nous n'arrivons plus à distinguer ce qui relève de la politique, de l'information, de la *fake news*, de la rumeur, de l'opinion, du commentaire, de la peopolisation. Grand relativisme qui menace le savoir : la parole d'un youtubeur a plus d'audience que celle d'un professeur : *« Avec l'essor du numérique, la parole du professeur est fragilisée. Celle-ci est mise en concurrence avec une multitude d'autres sources d'information. Pour bon nombre d'élèves, une vidéo diffusée sur YouTube a la même valeur qu'un cours. Dans l'imaginaire collectif, un classique ne vaut désormais pas plus que la culture populaire. Sous couvert de tolérance, nous instaurons une absence de hiérarchie entre les opinions. Nous entretenons un relativisme qui ne manque pas de nuire à la pensée critique »* explique l'essayiste et professeur de philosophie Audrey Jougla[23], lors d'une interview pour À priori(s) en septembre 2022.

Nous avons également assisté à un phénomène que nous n'aurions pas pu imaginer il y a encore quelques années : la remise en cause du texte du bac de français. Sylvie Germain, auteur du livre *Jours de colère*, publié en 1989, a été insultée et attaquée sur Twitter, Instagram et TikTok par des candidats estimant l'épreuve de commentaire de texte trop difficile. Interrogée par *Le Figaro*[24], Sylvie Germain a déclaré ne pas se sentir *« concernée personnellement »*. Avant de poursuivre : *« Je suis plutôt inquiète du symptôme que cela révèle. C'est grave*

23 Audrey JOUGLA, « Avec l'essor du numérique, la parole du professeur est fragilisée », interview pour À priori(s), 28 septembre 2022

24 Sylvie GERMAIN, entretien pour *Le Figaro étudiant*, « Ils ont une haine de la langue, de l'effort de réflexion », 21 juin 2022

que des élèves qui arrivent vers la fin de leur scolarité puissent montrer autant d'immaturité, et de haine de la langue, de l'effort de réflexion autant que d'imagination, et également si peu de curiosité, d'ouverture d'esprit. » Les réseaux sociaux ont-ils émancipé l'opinion en lui faisant croire qu'elle pouvait gouverner elle-même ? Pierre-Simon Ballanche, dans son essai sur les institutions sociales dans leur rapport avec les idées nouvelles publié en 1818[25] avait déjà prévenu : « *Autrefois il suffisait de gouverner avec l'opinion, à présent il faut gouverner par elle, sous peine de la laisser gouverner elle-même, ce qui constituerait une véritable anarchie.* »

Comme ces plateformes servent de plus en plus de médiateur pour la compréhension du public des enjeux nationaux et des évènements mondiaux, des entreprises comme Twitter et Facebook définissent non seulement la réalité elles-mêmes, mais déterminent qui est autorisé à parler à son gouvernement et ce qu'il est autorisé à dire par simple changement algorithmique.

Comme le souligne Étienne Klein dans un entretien accordé à À priori(s) en mai 2022[26] : « *Chaque individu fabrique ainsi en quelques clics son "chez soi idéologique", c'est-à-dire une communauté numérique qui lui ressemble et qui propose une image du monde en phase avec sa propre lecture. La nouveauté réside dans le fait que des algorithmes observent et exploitent tout ce qui se déroule au sein de votre communauté numérique : si vous "croyez" en certaines idées, ils vont vous présenter des contenus qui iront dans le sens de ces idées. Vous ne serez plus soumis qu'à des biais de confirmation.* »

25 Pierre-Simon BALLANCHE, *Essai sur les institutions sociales dans leur rapport avec les idées nouvelles*, Hachette Bnf, réédition de 2016

26 Étienne KLEIN, « Réussir notre test d'intelligence collective », interview pour À priori(s), 12 mai 2022

Dans ce monde du slogan, de la dictature de l'émotion, difficile d'engager la discussion. Les avis sont de plus en plus tranchés. Il faut aller vite et marquer les esprits. Au diable la nuance, celle qui nous permet de conserver une forme de précaution, un pas vers la politesse. Non, aujourd'hui il faut taper vite et fort, la diplomatie n'existe plus. Les interactions sociales semblent nous imposer, sous la pression des réseaux sociaux, de plus en plus de rapports de force. Mais est-ce qu'aujourd'hui la nuance est rendue impossible par notre nouvelle grille de lecture favorisée par les réseaux sociaux ? Est-ce possible d'émettre une opinion mesurée en 280 caractères ? L'ancien compte Twitter de Donald Trump semblait nous démontrer le contraire. En ligne, caché derrière un pseudo, on peut tout s'autoriser, retirer le filtre de la bienséance qui prédomine en société pour laisser place au pire de nous-mêmes. Indignations et invectives, plus le contenu est chargé émotionnellement, plus il aura des chances d'être partagé. Or, que vaut un tweet, s'il n'est pas partagé ? Pas grand-chose, puisque sa valeur marchande réside dans sa viralité. Les réseaux sont sans visage, aucune expression physique de la peine, de la colère ou de la tristesse. Sans altérité, pas de prise de conscience de l'émotion face à un tweet. Nous pouvons donc nous en donner à cœur joie, bienvenue dans la société du clash ou dans *L'Ère du clash* selon le titre du livre de Christian Salmon[27] : *« Nous sommes passés de la story au clash, de l'intrigue à la transgression, du suspense à la panique, de la séquence à la suite intemporelle de chocs. La vie ne s'ordonne plus en séquences, et n'est plus rythmée par l'intrigue mais par le choc. »*

Restent les communautés numériques, nouvelle forme de collectif sur les réseaux sociaux. Ces mini-collectivités tendent

27 Christian SALMON, L'Ère du clash, Fayard, 2019

à supplanter les grandes structures qui animaient la société comme les églises ou les syndicats. Pour le sociologue Michel Maffesoli[28] dans son ouvrage *Le Temps des tribus*, la société cesserait d'être structurée en grands groupes à l'identité bien définie pour n'être plus qu'une nébuleuse au sein de laquelle se coaguleraient de multiples noyaux relationnels à dimension réduite : « *Il n'existe plus de macro-institutions à qui confier son avenir. On s'en remet alors à des entités microsociales généralement non organisées* ». La tribalisation moderne revêt une multiplicité de formes. Tantôt elle s'appuie sur ces territoires géographiques que sont la cave d'un immeuble, les cours ou trottoirs d'un grand ensemble, les tables d'un café, etc., tantôt elle se nourrit d'affinités sportives – les bandes de motards –, ou musicales – les groupes de rap –, ou religieuses. Elle utilise même les techniques de la messagerie informatique pour créer de nouveaux réseaux. De toute manière, ces groupes ne réclament aucune adhésion idéologique de leurs membres mais seulement le respect de quelques rituels, signes extérieurs de l'identité collective. Les réseaux sociaux amplifient ce phénomène et permettent de s'affranchir de toute barrière géographique et de se conforter dans des opinions. Marylin Maeso[29] écrit dans son livre *Les Conspirateurs du silence « que ce qui se joue, ici, n'est ni plus ni moins qu'un réinvestissement massif de la sphère publique par des citoyens avides de peser dans le débat d'idées et d'envisager ensemble des modes d'accomplissement de la démocratie qui ne se limitent pas aux urnes, et c'est une piste interprétative qui mérite d'être explorée.* » Devenus de véritables agoras, les réseaux sociaux doivent-ils pour autant s'affranchir de toutes règles de bienséance et de respect d'autrui ?

28 Michel MAFFESOLI, *Le Temps des tribus : le déclin de l'individualisme dans les sociétés postmodernes*, La Table ronde, 2000

29 Marylin MAESO, *Les Conspirateurs du silence*, Folio Le Forum, 2019

La comédie politique

Le temps de la sacralisation politique n'est plus, nous sommes désormais dans le règne de fin de la transcendance politique, 88%[30] des Français constatent d'ailleurs une dégradation de l'image des dirigeants politiques. Un sentiment de trahison, de non-respect d'une éthique liée à la fonction a fortement entaché la confiance envers les politiques pouvant amener à une forme de rejet. Et si l'on pouvait pardonner certains écarts de conduite et une forme de sympathie pour des politiques ayant joué avec le système (nous avons tous en tête l'exemple de Patrick Balkany qui conserve de nombreux soutiens à Levallois-Perret, son ancienne mairie), les plus jeunes attendent des modèles inspirants faisant preuve de probité et d'honnêteté. La distance entre représentants et administrés s'est creusée sous l'effet de la professionnalisation de la politique mais également avec l'impression que la politique ne produit pas de grands changements. Chloé Morin[31] dans son livre *Le Populisme au secours de la démocratie ?* souligne : *« Les politiques sont devenus des gestionnaires aux visions relativement convergentes et interchangeables, incapables d'enrayer les principaux maux de la société qui sont la montée des inégalités ou bien encore le chômage de masse. »*

30 Sondage Happydemics réalisé pour *Démostalgie*
31 Chloé MORIN, *Le Populisme au secours de la démocratie ?*, Gallimard, 2021

Baisse d'impôts, mesures en faveur de la transition écologique, augmentation du pouvoir d'achat, promesse du plein-emploi… Tout est permis quand il s'agit de promettre. La promesse est l'un des fondements du fonctionnement de la démocratie. Quand on parle de promesse électorale, quel lien fait-on entre le discours et les actes ? Est-ce que la parole est suivie de sa prolongation pratique, c'est-à-dire d'actes ? Si l'on revient au sens propre du terme, la promesse vient du latin *primittere* qui indique le fait d'« aller de l'avant » mais avant tout « garantir et assurer ». Au sens figuré, il a pris la signification d'« annoncer comme sûr ». D'où l'obligation que crée cette promesse qui rend son auteur responsable de son engagement. Quel est le lien entre son énonciation et la possibilité de son exécution ? Qu'en est-il de la responsabilité et de l'agir responsable ? Selon le philosophe britannique John Langshaw Austin,[32] *« promettre est une forme de défi : il ne vous suffit pas d'avoir tout à fait l'intention, vous devez aussi entreprendre de montrer que vous êtes en mesure de promettre, c'est-à-dire que c'est en votre pouvoir »*. Ainsi, il y a un engagement moral dans la promesse et donc une obligation. Les hommes politiques, sincères ou non, se font élire sur un programme, une promesse. Or, celle-ci crée une obligation entre une personne et un groupe. Il y a donc une forme d'obligation, de pacte impliquant un futur pour un bien commun. Mais il y a aussi un contrat éthique qui a pour socle la confiance mutuelle car selon Paul Ricœur [33] *« Nous ne sommes plus dans l'ordre de la garantie, mais dans celui de la confiance. Et la confiance trahie n'a d'autre ressource que l'indignation, la protestation morale et d'abord la vigilance. »* S'engager, c'est devoir. Ainsi, quand une

32 John Langshaw AUSTIN, *Quand dire c'est faire*, Seuil, 1991
33 Paul RICŒUR, *Parcours de la reconnaissance*, Folio Essais, 2004.

personnalité politique promet, elle s'engage, elle anticipe un avenir. Alors même que les transformations technologiques et les menaces écologiques chamboulent notre monde, la promesse devient l'acte inaugural d'un nouveau paradigme introduisant de la certitude dans l'incertitude. Il est devenu de plus en plus difficile, voire impossible de créer ces gages de certitude quand ce que nous pensions être un progrès peut devenir une menace.

Ne devrions-nous pas plutôt parler d'engagement retirant ainsi la dimension morale qui entoure la promesse ? Le terme engagement est très fort, puisqu'il renvoie à « mettre en gage », impliquant ainsi une perte de liberté. Cela revient à indiquer que l'on donne pour caution quelque chose, en l'occurrence sa parole. On demande donc à l'homme politique de rendre des comptes, se rapprochant du champ lexical du gage que l'on distingue dans l'engagement, et la promesse devient une dette.

Le passage étroit qui mène de l'engagement à la promesse est vraiment cette dimension morale, puisque action et responsabilité se rejoignent dans une démarche prospective. Sur le fil ténu de l'attente, l'électeur espère une réalisation possible, pouvant à tout moment invoquer la promesse et exiger le respect des engagements mais chose promise est rarement due.

Ce qui fait la fragilité de la démocratie c'est lorsque les citoyens et les dirigeants politiques ne sont plus capables de penser les vrais sujets et de donner de l'importance aux enjeux essentiels auxquels nous sommes confrontés. Cet individualisme se transforme souvent en impatience et entraîne une pression croissante sur les dirigeants politiques qui nourrit le « populisme » ou les discours simplistes.

Par ailleurs, et c'est aussi une des conséquences de cette distance grandissante, on constate, de plus en plus, que les partis politiques n'échappent pas aux logiques marketing mises en place habituellement au sein des entreprises.

Les changements de noms récents – Ensemble, Renaissance, Nupes, La France insoumise, Agir, Territoires de progrès… – ne témoignent plus seulement d'une simple nécessité d'adaptation mais d'une volonté de changer le mode de fonctionnement et le rôle d'un parti politique, référentiel utile à la compréhension de la vie politique française et aux différentes propositions idéologiques. Une offre claire permet ainsi aux citoyens de s'identifier à un corpus de valeurs et/ou une tradition politique au-delà des personnalités et de l'incarnation. Or, aujourd'hui, les nouveaux noms semblent traduire un phénomène malheureusement connu : la dépolitisation progressive de notre société et l'érosion des « relais » que pouvaient représenter les partis politiques ou les syndicats. Les nouveaux noms se sont délestés de références idéologiques et de la dénomination même de parti pour certains d'entre eux ! Si l'on compare les noms de ces nouveaux mouvements aux partis historiques de la Ve République comme le Parti socialiste, le Mouvement républicain populaire ou le Parti communiste français, la différence est flagrante : difficile de situer ces organisations sur l'échiquier politique au premier coup d'œil.

Il s'agit dorénavant de créer un « mouvement » qui se dissocie d'une histoire politique, d'un courant de pensée, d'une façon de concevoir la société avec un projet en construction, non figé, capable d'intégrer les adhérents – et non militants – nouveaux. Le parti politique n'en est pas mort pour autant.

Alors que la France traverse une crise de confiance entre les citoyens et leurs représentants, les partis politiques doivent retrouver leur rôle originel d'organisation et de confrontation des idées. Il est donc plus que jamais important de récréer des « moments » de délibération avec pour objectif de fabriquer des stratégies de long terme en s'associant, par exemple, à d'autres organisations autour de cycles délibératifs plus inclusifs et sans barrières politiques apparentes. Cela est d'autant plus important que l'écart entre les effets d'annonce politique et la mise en œuvre opérationnelle des mesures est de moins en moins accepté. Les citoyens attendent une résolution immédiate de problématiques dont le traitement s'opère nécessairement sur le temps long.

Dans un monde de l'immédiateté, de la dictature du court terme, le rôle du dirigeant politique évolue. Il doit parvenir à concilier les différentes temporalités de ses parties prenantes pour réduire leurs angoisses tout en prenant ses distances avec l'obsession de la performance immédiate qui pénalise grandement la nécessaire vision stratégique. À cela s'ajoutent la valeur d'exposition et la validation de l'autre via les réseaux sociaux qui engendre le triomphe de la vanité. N'est-ce pas finalement la volonté de conjurer le vide en faisant circuler des images, des informations sans aucune articulation avec la réalité avec pour seul moteur l'amour-propre que l'on appelle vanité ? Bienvenue au théâtre des faux-semblants.

Le terme vanité repose sur l'adjectif *vanus* qui signifie vide, creux, sans substance et par extension trompeur et mensonger, tout en ajoutant la notion de frivolité et de légèreté. Voués au vide et à la vacuité, nos candidats recherchent désespérément des admirateurs mais aussi les petites illusions décuplées de l'amour-propre. Qu'il semble doux le « je » prononcé à chacun de leurs discours, qu'il semble loin le collectif auquel ils s'adressent, c'est-à-dire « nous ».

« Vanité des vanités [...] tout n'est que vanité. » Ces mots de l'Ecclésiaste (Qoh. I, 2) servent de devise pour signifier une perception défiante vis-à-vis des actions de la vie humaine : les ambitions, les affaires, les présomptions de grandeur et de savoir, l'attachement aux biens dont l'homme fait preuve chaque jour ne sont que vanité. Alors certes, l'histoire de France s'est construite sur des personnalités emblématiques mais nous sommes loin des candidats aux primaires, portés par la théâtralisation de leurs états d'âme et de leur ego au détriment du projet collectif que nous attendons tous.

Au-delà de la question de la vanité, il faut convoquer la référence à l'exemplarité. Non-respect des obligations fiscales, népotisme, conflit d'intérêts... La multiplication des scandales accrédite le sentiment d'une classe politique uniquement soucieuse de ses intérêts et *in fine* nourrit la défiance. Injonctions d'une vie écologiquement vertueuse mais organisation de nombreux voyages en avion, respect des limitations de vitesse excepté pour soi-même, déclaration de patrimoine mais oublis malheureux de certains élus... tout y passe pour mettre à mal la vertu de l'élu là où le citoyen estime qu'il subit, sans voie de contournement possible. Certes, la transparence est nécessaire mais restons lucides sur les conséquences néfastes d'une transparence poussée à son paroxysme qui se transforme en tyrannie et dont les dernières actualités peuvent attester. Mis en cause pour l'organisation de dîners fastueux, François de Rugy a dû démissionner pour finalement être blanchi par les enquêtes de l'Assemblée et du gouvernement. Celui-ci témoigne à l'AFP[34] : *« À force de s'en prendre aux élus, de les*

34 Dépêche AFP du 25 mars 2022 reprise dans *Les Échos*

attaquer dès qu'ils sont désignés par le vote, on perd de vue leur utilité essentielle et le sens de la démocratie représentative. On démolit, on salit, on disqualifie plutôt que de contre-argumenter, regrette-t-il. *Ce climat favorise, au pouvoir, la communication plutôt que l'action, la démagogie plutôt que le traitement de fond.* » On attend toujours plus des politiques en leur demandant de plus en plus de gages. Il en va également de même pour les citoyens vis-à-vis de la société.

Or, originellement, le mot « transparence », issu du latin *trans* (à travers) et *parere* (apparaître, se montrer, se soumettre, céder à, sous la dépendance de...), s'applique à ce qui laisse passer la lumière et paraître nettement les objets placés derrière. Il sera ensuite employé à la place de translucide, même si les deux mots sont étymologiquement distincts. Il a développé le sens figuré de « qui ne cache rien » en psychologie afin de qualifier des propos ou une attitude facilement déchiffrable. Il y a donc bien, dès l'origine du mot, cette notion de mise au pas. Or, une valeur forte comme celle de la confiance repose sur la relation entre le savoir et finalement la non-connaissance. La transparence traduit au bout du compte un manque de vérité où tout est mis en scène, tout se mesure à la valeur de son exposition. Bienvenue dans cette société de transparence, adepte du translucide sans ombre, ni lumière. Car, finalement, qu'est-ce que la transparence, si ce n'est le vide ? Or, pour conjurer le vide, on met en circulation une masse d'informations qui n'éclaire pas le monde car plus on libère l'information, plus le monde est opaque.

L'impératif de transparence rend suspect tout ce qui ne se soumet pas à la visibilité sans pour autant créer de la proximité. La transparence peut donc être une contrainte vers un démantèlement de la négativité. Tout doit donc être exposé à la lumière sans opacité. Au même titre, la photographie digitale a supprimé l'étape de la chambre noire, elle n'est plus que valeur d'exposition, intrinsèquement présente sans prendre en compte la tension narrative. Là où il y a exigence de transparence, il n'y a plus de confiance puisque l'on est dans la méfiance et le soupçon. Le fait de, sans cesse, demander aux politiques davantage d'informations et plus de transparence traduit bien ce manque de confiance dans un monde où l'honnêteté et la sincérité ont perdu leur signification. On est donc loin du discours de vérité, sans contrainte, prôné par Rousseau dans ses *Confessions*.

Seul acteur politique à tirer son épingle du jeu, le maire, qui conserve la confiance de ses administrés. Proximité, mise en place rapide et concrète de projets, budgets participatifs... sont autant d'éléments qui lui permettent de conserver sa crédibilité. Le maire incarne à la fois la proximité, le dévouement, la politique au concret et une certaine forme d'exercice modeste du pouvoir. Cependant il est de plus en plus mis en cause pénalement. Le rapport 2019 de l'Observatoire Smacl sur les risques de la vie territoriale et associative confirme une tendance constatée ces dernières années : de plus en plus d'élus locaux et de fonctionnaires territoriaux sont mis en cause pénalement. Le contexte de judiciarisation constitue une raison supplémentaire pour les maires de renoncer à briguer un nouveau mandat alors même qu'ils sont un chaînon majeur de notre modèle démocratique. Depuis 2020, plus de 900 maires ont quitté leurs fonctions, un chiffre en augmentation par rapport au précédent mandat. Yvan Lubraneski[35], le président des maires ruraux de l'Essonne et maire (SE) de la commune des Molières, identifie dans un article de *La*

35 Yvan LUBRANESKI, *La Gazette des communes*, interview, 16 novembre 2022

Gazette des communes du 16 novembre 2022 plusieurs raisons au phénomène : « *C'est une crise plus générale des vocations politiques bénévoles. Ce sens de l'engagement est mis à mal par les nombreuses incitations à endosser des responsabilités plus lourdes, à développer des compétences gestionnaires, à porter le poids des contraintes administratives.* » L'engagement pour son prochain, aussi proche soit-il dans l'exercice du pouvoir, ne semble plus aller de soi.

C'est un véritable désamour mutuel auquel nous sommes confrontés entre des citoyens n'ayant plus confiance dans l'action politique, en ses représentants, dans leur capacité à transformer concrètement leur quotidien avec des changements visibles et des femmes et des hommes politiques parfois découragés ne suscitant que peu de vocation au sein de la société civile.

Des symptômes identifiés

Le désenchantement électoral

« Voter est un droit, c'est aussi un devoir civique », rappelle chaque carte d'électeur en lettres blanches sur fond bleu marine. Malheureusement, l'ensemble des phénomènes décrits précédemment favorise une abstention grandissante ces dernières années. Elle s'élevait à plus de 65% au second tour des dernières régionales. L'élection présidentielle est la seule, depuis cinq ans, à réussir à mobiliser plus de la moitié de la population française. C'est chez les jeunes que l'abstention est la plus forte, principalement chez les 25-34 ans avec 46% d'abstention. Droit de vote à 16 ans, consultation citoyenne lancée par l'Assemblée nationale pour comprendre l'abstention, prise en compte du vote blanc, vote obligatoire, vote électronique… tout semble sur la table pour éviter de revivre le taux record d'abstention des dernières élections. Quoi qu'il en soit,

la récurrence de l'abstention peut être considérée comme un révélateur d'une crise de la démocratie participative. Qu'est-ce que l'abstention ? Les premières définitions que l'on trouve du terme abstention condamnent cette attitude. Dans l'article encyclopédique du *Larousse* de 1866, l'abstention telle qu'on la définit aujourd'hui *« peut avoir pour unique cause la négligence, l'indifférence [et] doit être condamnée d'une façon absolue comme un égoïste oubli des devoirs envers la société »*. Les *Larousse* de 1922 et de 1928 ajoutent la preuve et le blâme : *« L'abstention politique qui a pour cause la négligence ou l'indifférence prouve un oubli égoïste et blâmable des devoirs du citoyen ». Le Grand Larousse encyclopédique* de 1960 poursuit dans la même lignée : *« L'abstention (…) traduit donc soit le désintérêt des citoyens pour les affaires publiques, soit le désir d'éluder une responsabilité ; l'un et l'autre sont signes et facteurs d'un mauvais fonctionnement des institutions démocratiques. »*

Jusqu'en 1997, l'inscription sur les listes électorales était une démarche volontaire nécessitant l'implication du citoyen. Le vote est un droit mais c'est aussi un devoir engageant, pris en pleine conscience, vis-à-vis de la société, hérité du contrat social et des Lumières. Ce problème de conscience peut expliquer que les abstentionnistes ont du mal à assumer leur choix amenant les sondeurs à en sous-évaluer la prévision. Quoi qu'il en soit, la réponse à l'abstention ne peut pas être uniquement négative car, au fondement même du pacte démocratique, elle nous interroge. Qu'est-ce qu'être citoyen aujourd'hui ? Comment faire entendre sa voix dans un monde bruyant ? Elle nous oblige à prendre en considération l'évolution de l'expression démocratique. On peut aussi considérer l'abstention comme une forme d'expression citoyenne. Pour autant, cela peut-il durer ? Le dimanche 28 août 2021, Jean-

Luc Mélenchon, dans son discours prononcé dans la Drôme devant ses militants soulignait : *« L'abstention est décidément un piège à cons »*. Au-delà de l'expression imagée, les pouvoirs publics sont inquiets face au désintérêt des Français pour les élections. Et si jusqu'à présent, les élections présidentielles conservaient l'intérêt des votants, ils semblent de plus en plus nombreux à ne pas souhaiter exprimer leur suffrage même pour ce grand rendez-vous...

A contrario, les niveaux d'engagement pour des causes, la montée en puissance du militantisme sont bel et bien là. On est désormais pour ou contre avec un avis tranché, polarisé, s'étant forgé des compétences sur des sujets complexes alors même que nous ne sommes pas experts. Le doute n'est plus de mise.

Le ressentiment citoyen

Les Français n'ont plus confiance dans à peu près aucun relais d'autorité ou d'intermédiation, que ce soit les partis politiques, les syndicats, les élus... D'ailleurs, les grands mouvements politico-associatifs qui ont eu lieu ces dernières années se sont faits en dehors des corps intermédiaires constitués (mobilisation pour le climat, les Gilets jaunes, le mouvement En marche). Ce discrédit de la parole politique conduit à des actions radicales mais également des violences envers les élus. À ce titre un chiffre évoque le risque grandissant : 61%[36] des Français ressentent de la colère envers les institutions et les dirigeants politiques. Pour justifier cette violence qui sévit actuellement, la radicalité est généralement appelée en renfort, étant considérée comme une justification possible d'actes réprimés par la loi. Manifestation contre la mise en place de bassines de rétention d'eau, jet de nourriture sur des œuvres d'art, blocage de routes... tout semble bon pour attirer l'attention et tirer la sonnette d'alarme. Devons-nous aujourd'hui tomber dans la radicalité pour être entendu ou sert-elle, tout simplement, de légitimation à des actes répréhensibles ? Pratiquement inexistant dans les médias dans les années 90, le terme radicalité s'est fortement développé avec le terrorisme islamiste dans les années 2000. C'est une réelle prise de conscience qui amène, *de facto*, à des actions. Nous constatons chez les plus jeunes la montée d'une protestation,

36 Sondage Happydemics réalisé pour *Démostalgie*

d'une rupture avec le fonctionnement de nos institutions qui peut amener à une forme de révolte mais aussi de violence envers la politique et ses représentants. Et si cette radicalité était la matérialisation d'une forme de rupture générationnelle ? Et si la prochaine crise sociale était intergénérationnelle ? Avons-nous aujourd'hui la possibilité d'être radicaux sans être violents ? De Gandhi à Martin Luther King, cette voix semble exister. La vitalité de la radicalité, même si celle-ci est exigeante, ne doit jamais être un prétexte à la violence.

Un terme a beaucoup fait parler de lui ces derniers mois, c'est le mot ensauvagement, qui dénonce un climat général de violence et d'insécurité. Le mot est donc loin d'être utilisé comme dans la littérature du XIXe siècle, le débat glissant de plus en plus vers le retour au primitif face à l'effondrement de la civilisation, comme un retour paradoxal de l'humain à l'animal. Ensauvager, qui signifie littéralement « rendre sauvage », a pour origine le terme latin *silva* qui signifie « forêt, bois » et au pluriel « arbres, plantes ». Synonyme du grec *hulé*, il désigne également les « matériaux de construction ». Le mot sauvage traduit ici ce qui est à l'état de nature, ce qui n'a pas été transformé. Au XVIIIe siècle, le terme perd son sens négatif. Il est alors associé au retour de la nature, à l'innocence. C'est le bon sauvage de Rousseau qui alimente le débat entre valeurs naturelles et valeurs morales. À l'état de nature, l'Homme serait heureux, et c'est à la civilisation que nous devons sa chute et la perversion de sa nature.

En février 2019, dans le contexte du mouvement des Gilets jaunes, l'historienne Mona Ozouf évoquait[37] « *l'ensauvagement*

37 Interview pour France Inter, 15 février 2019

du langage qui annonce et engendre l'ensauvagement des actes. En effet, quand la haine s'empare des réseaux sociaux, elle peut être suivie d'un passage à l'acte. Mais c'est aussi mettre l'accent sur les agresseurs plus que sur les victimes, tout en se dédouanant finalement d'une forme de responsabilité face aux "fauves". »

Devenu mot-valise, l'ensauvagement tend à regrouper aujourd'hui un ensemble de faits divers, sans distinction, mais frappant de suite les esprits. Quant à l'incivilité, elle semble réductrice. Ce mot, construit sur le latin *incivilis*, signifie « violent, brutal ». Il qualifie un individu manquant de savoir-vivre, mais également une personne agissant contrairement aux lois civiles. Pour répondre à ces incivilités et faire respecter l'ordre, le politique a recours à la police. Mais derrière les règles, il y a leur interprétation et celle de leur sens.

L'indulgence est rarement de mise quand deux inconnus se font face. La remarque se transforme vite en reproche, puis en agression, dans un contexte où l'on présume que l'ordre ne va pas de soi dans un environnement inhospitalier. *« On pète vite les plombs »* comme pourrait le chanter le rappeur Disiz La Peste.

Et si finalement ces incivilités étaient assimilées à une crise civique, c'est-à-dire une remise en cause des institutions, du vivre-ensemble, à une défiance généralisée vis-à-vis des élus ? Interprétées comme déficit de citoyenneté, les incivilités engendrent une remise en cause du contrat social qui lie le citoyen avec les institutions. Or le civisme, la civilité et la solidarité sont les valeurs même de la citoyenneté.

Ainsi, entre ensauvagement et incivilité, le débat fait rage. L'histoire des mots, loin d'y apporter une réponse claire et précise pose avant tout l'accent sur le principe de réciprocité des règles et donc de l'enjeu clé que cristallisent civilité et citoyenneté. À travers ces mots, c'est également la question du vivre-ensemble qui se pose au service d'une citoyenneté qui s'adapte à son temps.

Cette montée en pression ne touche pas que les citoyens que nous sommes mais également le politique. Nous avons tous en mémoire les images de Jean-Luc Mélenchon lors de la perquisition du siège de La France insoumise : *« La République, c'est moi ! »* Ce phénomène est allé en s'accentuant avec l'arrivée au pouvoir de dirigeants populistes comme Donald Trump aux États-Unis.

Cette violence qui gangrène notre société dans son ensemble s'est également accentuée envers les élus. On ne dénombre pas moins de 1 276 agressions en 2020 sur des élus locaux. Le 8 juin 2021, lors d'un déplacement à Tain l'Hermitage, Emmanuel Macron est giflé. L'auteur des faits est arrêté puis condamné à 18 mois de prison dont quatre mois ferme. En septembre 2021, à sa sortie de la prison de Valence, celui-ci témoigne n'avoir aucun regret et déclare au *Parisien* le 2 novembre 2022 : *« Les gens m'arrêtent dans la rue pour me remercier »*. Cette violence est inacceptable et répréhensible sur le plan pénal. L'élu est le pivot de notre système démocratique, investi dans ses fonctions dans le cadre du suffrage universel. Selon Pierre Rosanvallon[38] dans son livre intitulé *La Contre-démocratie*, nous assistons à un changement de perception dans le principe même de l'élection puisque l'électeur ne choisit plus mais procède à des éliminations. Bienvenue dans le consentement par défaut…

38 Pierre ROSANVALLON, *La Contre-démocratie. La politique à l'âge de la défiance*, Seuil, 2006

Le temps de la rupture

Tout fout le camp ma brave dame ! Nous sommes gagnés par une nostalgie grandissante : *Laudator temporis acti*, c'était mieux avant... Phrase que l'on entend régulièrement comme une petite musique remettant en cause la notion même d'évolution voire de progrès. Toutes les images que l'on associe à la France et aux Français nous viennent du passé, on vante le jeu de Romy Schneider, les jardins de Versailles, les voitures 2 CV, le panache d'un Cyrano... Notre présent nous confronte à des réalités qui ne nous donnent pas l'esprit de la nation. Le passé est fascinant car avec le recul il paraît cohérent là où finalement le présent se déroule...

Le 15 mars 1944, le Conseil national de la Résistance adopte son programme qui a pour titre : Les Jours heureux. Derrière ce titre se cache une vision du monde qui nous parle encore avec la mise en place d'un certain nombre de réformes dont l'instauration d'une démocratie économique et sociale. Mais c'est avant tout le ciment d'une unité nationale ! Le 8 septembre 2022 nous avons assisté à l'installation du Conseil national de la refondation (CNR) associant les *« forces politiques, économiques, sociales, associatives »* du pays ainsi que des citoyens tirés au sort. La promesse d'une méthode réinventée pour soigner une démocratie représentative malade ressemble pourtant à un aveu d'échec : l'impossibilité pour nos institutions d'être la fabrique de la politique alors qu'elles en sont le cœur.

Notre perte de continuité historique conduit à une crise

identitaire dont le vote extrême est l'un des symptômes. L'identité française met l'histoire comme discipline sur le champ de bataille et Éric Zemmour vante le mythe du « roman national ». Or l'identité française a un passé, un présent et un avenir et ne peut être figée. Les crises que nous traversons sont le terreau de cette perte de repères et cette volonté de s'agripper à un passé, de se recroqueviller sur soi, de mieux désigner l'étranger comme responsable de son malheur et de rechercher un sauveur dont Pétain a pu être la figure, selon l'historien Raoul Girardet[39] dans *Mythes et mythologies politiques*. Dans cet essai, Girardet décrit trois leviers alimentant le mythe du sauveur : la conspiration, la nostalgie et l'unité première. Selon Marcel Gauchet[40] dans une interview pour À priori(s) : *« Il faut certainement être capable de redonner à la France, qui a une histoire très particulière et très lourde, le sentiment de renouer avec ce qui a été sa vocation historique. La France a prétendu, abusivement parfois, mais quelquefois à juste titre, être institutrice du monde. C'est un pays qui aujourd'hui vit très mal et de manière dépressive le sentiment que nous n'avons pas de leçons à délivrer au monde à part justement des leçons de morale qui ne sont plus très pertinentes et que personne n'écoute de façon très attentive. »*

Qu'elle est loin cette jeunesse des années 70 pour qui tout semblait possible. Frédéric Dabi dresse ce constat dans son livre *La Fracture*[41] : *« Cette perte d'idéal exprime certes une mise en question de l'engagement, mais elle souligne surtout les doutes*

39 Raoul GIRARDET, *Mythes et mythologies politiques*, Seuil, 1990
40 Marcel GAUCHET, « Il faut remédier au malheur français », interview À priori(s), 6 avril 2022
41 Frédéric DABI, *La Fracture. Comment la jeunesse d'aujourd'hui fait sécession : ses valeurs, ses choix, ses révoltes, ses espoirs…*, Les Arènes, 2021

qui submergent les jeunes d'aujourd'hui (...) Une succession de crises a miné son idéal. »

Manque de dimensions concrètes, coquille vide, méconnaissance du rôle du Parlement, la République ne va plus de soi pour les plus jeunes d'entre nous. Éric Thiers, dans *La Désobéissance civile*[42] dessine une nouvelle forme de figure politique : *« À la fois Antigone moderne qui refuse la loi de la Cité au nom de principes estimés supérieurs et Narcisse enivré de son propre courage, qui s'accomplit dans ce geste démocratique, en s'opposant à toute autorité au nom d'un individualisme qui se veut radical.* » La désobéissance civile pourrait donc être perçue comme inévitable dans le monde actuel en proie à la mondialisation libérale, auquel la démocratie représentative n'offrirait aucune réponse.

Pour le sociologue Michel Maffesoli, l'absence de vision, d'idéal commun capable de rassembler toute une nation est manifeste. Il apporte comme réponse la liberté de construction de communautés qu'il nomme « tribus » dans une solidarité de proximité. Faudrait-il alors accompagner cet idéal de vie communautaire plutôt que le dénier ? Les communautés peuvent-elles être de nouveaux intermédiaires, offrir une nouvelle forme de sacré comme ont pu le faire les paroisses, les villages, les partis, les associations, les confréries, les communautés religieuses, qui aujourd'hui n'arrivent plus à fédérer ? Ou au contraire cette perspective n'est-elle que l'étape la plus avancée dans la dislocation complète de l'unité nationale ?

Admettons-le avec la plus grande lucidité : les maux de

42 Éric THIERS, *La Désobéissance civile : entre Antigone et Narcisse, l'egodémocratie*, Pouvoirs, novembre 2015

notre société sont l'expression d'une profonde rupture. Après avoir dressé un tel diagnostic, après avoir nommé le mal, cette démostalgie qui nous habite, la principale erreur consisterait à nous laisser gagner par la résignation. Il n'en est rien, car fort heureusement, la rupture n'est pas une fracture. Elle s'apparente plutôt à une déchirure.

Certes nous subissons les ruptures. Pour autant, nous sommes ce que les ruptures ont bien voulu nous apprendre de nous-mêmes. Être rompu c'est également endurer, résister mais aussi se renforcer. Comme le souligne Chloé Morin dans son ouvrage : *« Tout comme le rejet des élites, la défiance, voire même la résurgence des violences politiques, le populisme, en fin de compte, serait seulement une manière non pas de défier la démocratie mais de tenter de la ramener à ses promesses initiales. »*[43] La rupture que nous vivons est donc l'épreuve de la maturité, une forme de prise de conscience de nos responsabilités face au système démocratique qui malgré tout reste ancré à notre histoire, à notre identité. La situation n'est donc pas irréversible. Il est encore temps d'agir pour panser nos maux !

43 Chloé MORIN, *Le Populisme au secours de la démocratie ?*, Gallimard, 2021

« La justice sociale se fonde sur l'espoir, sur l'exaltation d'un pays, non sur les pantoufles. »

Charles de Gaulle

SECONDE PARTIE

Soulager la démostalgie

Nourrir la responsabilité individuelle au service d'un élan collectif

Selon Maxime Tandonnet dans une tribune publiée le 2 février 2023 dans *Le Figaro*[44], « *La médiocrité croissante du personnel politique national dont se détournent les Français constitue d'ailleurs une invitation à repenser les modes d'exercice de la démocratie.* » Oui, il faut repenser les modes d'exercice de la démocratie mais parler de médiocrité pour qualifier nos politiques est particulièrement violent tant leurs responsabilités sont complexes et leurs tâches parfois ingrates. Attendons-nous trop d'eux ? L'État est là pour combattre les causes objectives de malheurs, comme l'oppression ou l'injustice, nous sommes, chacun, responsables de notre bonheur, ce que soulignait déjà Benjamin Constant : « *Que l'autorité se borne à être juste, nous nous chargerons d'être heureux.* » Pour celui-ci, la vocation de l'État est de garantir les droits fondamentaux, la stabilité et la paix sociale de façon la plus juste possible. En revanche, il ne peut en aucun cas prendre en charge le bonheur puisque ce serait traiter les individus comme des enfants incapables.

Face aux enjeux qui sont les nôtres, retrouvons le goût d'un patrimoine culturel commun et redonnons le goût de l'engagement, notamment aux plus jeunes. Réveillons-nous et éveillons-nous comme le recommandait déjà Héraclite, ne soyons pas des êtres en sommeil. Les politiques doivent montrer la voie. Nous ne parlons pas ici de militantisme où la servitude peut parfois prendre le pas sur la liberté mais de l'intérêt général.

44 Maxime TANDONNET, « L'effondrement du niveau intellectuel de la classe politique est une menace pour la démocratie », tribune parue dans *Le Figaro* le 2 février 2023

Être à la hauteur

Il est grand temps de retrouver une éthique du langage, le sens du courage, la délibération et l'engagement. Car plus que jamais les citoyens attendent une véritable responsabilité politique. En qualité d'élue locale, j'ai pu constater la perplexité de nos concitoyens face aux promesses bafouées, aux invectives, ainsi qu'au manque de courage et de délibération.

Les mandats politiques aujourd'hui ne font plus rêver et l'on constate une perte de prestige de la carrière politique. Le sens de l'intérêt collectif semble avoir été supplanté par des ambitions uniquement personnelles. C'est souvent lors de discussions dans la rue que des anciens ministres sont cités, comme Robert Badinter, André Malraux, Alain Decaux... Les ministres des décennies plus récentes semblent quant à eux n'avoir laissé aucune empreinte. Les références aux anciennes figures illustrent également ce regret du passé qui alimente la démostalgie. Malgré tout, il est encore possible de redonner au politique toutes ses lettres de noblesse.

De la nécessité du mot juste

« La meilleure façon de servir la République est de redonner force et tenue au langage », déclare Francis Ponge[45] dans son ouvrage *Pour un Malherbe*, un manifeste de la langue française, qui nous fait naviguer entre l'art poétique et la politique. Faire preuve de pédagogie et bien nommer les choses est essentiel pour qu'ensemble nous puissions avoir une définition commune des transformations que nous subissons. Pointer du doigt c'est céder à la facilité sous couvert d'audace et de courage. C'est parfois omettre la complexité des réalités mais aussi la polysémie des mots que l'on emploie pour mieux cacher un flou.

L'évolution et la modification de l'expression sont naturelles dans le développement historique d'un peuple et de sa langue, preuve que celle-ci est vivante. Dans une société où l'immédiateté est devenue la norme, nous recherchons l'efficacité et non le mot juste. Le mot aiguisé n'est plus. Nous sacrifions la précision sur l'autel du gain de temps et, ce faisant, laissons la langue s'amenuiser au profit de généralités ! Or le mot véhicule la pensée, il faut penser notre langue pour s'exprimer et se comprendre en s'appuyant sur une architecture, la syntaxe. Notre langue semble devenue fragile, affaiblie par la quête de l'émotion. La rhétorique qui convoque les instincts et qui oppose n'est pas toujours efficace mais surtout elle est dangereuse car elle attise les peurs et renforce les préjugés.

45 Francis PONGE, *Pour un Malherbe*, Gallimard, 1965

« Il suffit de nommer la chose pour qu'apparaisse le sens sous le signe », souligne Léopold Sédar Senghor[46] dans *Poésie complète*. Saisir le mot juste, c'est saisir le monde dans sa complexité. Ne cédons plus aux postures radicales mais faisons le choix de la nuance et non de la banalisation de la grossièreté. Bordel, bordélisation, emmerder, putain... autant de mots fleuris qui se sont imposés dans le langage politique. Les Français ne sont d'ailleurs pas dupes : seuls 4% d'entre eux sont tout à fait d'accord sur le fait que les dirigeants politiques utilisent les bons termes pour parler de leurs problèmes[47].

Un énoncé flou ou faux prononcé avec conviction et le choix de la polémique nous amènent sur un terrain miné, celui des mots dont on refuse de prendre conscience, celui du mépris constant. Polémique vient du grec ancien *polemikos* qui signifie « relatif à la guerre ». Une polémique est une violence métaphorique, une bataille des mots. Ce terme fait partie de ceux que l'on retrouve dans le champ sémantique de la guerre, que ce soit la joute oratoire, le débat ou bien encore la dispute. Nous sommes entrés en lutte armée. La plume blesse, elle écorche, elle implique un adversaire car il faut qu'il y ait, en toile de fond, affrontement avec un système médiatique sans que soient définis auparavant le terrain, les armes et les règles. Polémiquer, c'est essayer de falsifier la parole de l'autre en énonçant une formule *a contrario* de celle initialement posée. Il y a ainsi préalablement l'écoute d'une information admise qui sera par la suite réfutée dans un contexte de passion, voire de violence. Préférer le terme polémique à celui de débat, par exemple, donne d'ores et déjà la teneur de l'échange. Le discours qui en découle discrédite

46 Léopold SÉDAR SENGHOR, *Poésie complète*, CNRS éditions, 2007
47 Sondage Happydemics réalisé pour *Démostalgie*

automatiquement l'adversaire, confinant souvent à l'attaque personnelle. Les superlatifs sont de mise, frisant l'injure, forme extrême de la radicalité, alors même que le débat doit se poursuivre. Au regard des réactions sur les réseaux et de la violence de leur contenu, peut-on encore parler de polémique ? Mise à mort verbale en un temps record, seules les insultes ont droit de vie. Nous sommes pris dans des rapports de force, des positions de combat. Oui au débat d'idées mais repensons les règles du jeu nécessaires à la vie en société. Ainsi, nous pouvons décider que la nuance sera notre priorité.

Entre le cœur et le courage

Il n'y a pas de démocratie sans résistance à la démagogie et il n'y a pas de résistance à la démagogie sans courage intellectuel et peut-être même physique. Il est un devoir, parfois oublié, des personnalités politiques de ne pas céder aux injonctions de la facilité, du court terme, de la lâcheté parfois, mais au contraire de prendre des risques. La situation actuelle (crise, guerre, pandémie, inflation, perte de repères...), sa lecture médiatique (traitement anxiogène, approche émotionnelle exploitant la colère et les peurs, information spectacle, etc.) et la responsabilité des leaders d'opinion, quels qu'ils soient, participent à la tension mais aussi à l'inquiétude des Français. Dans son discours à la jeunesse prononcé à Albi le 30 juillet 1903 Jean Jaurès[48] donnait cette définition du courage : « *Le courage, c'est de chercher la vérité et de la dire. C'est de ne pas subir la loi du mensonge triomphant qui passe, et de ne pas faire écho, de notre âme, de notre bouche et de nos mains aux applau-*

48 Jean JAURÈS, *Discours à la jeunesse*, Éditions Marcel, 2020

dissements imbéciles et aux huées fanatiques. » Qu'est-ce que le courage ? Le mot courage vient de *cuer*, le cœur. Jusqu'au XVIIe siècle, on employait les deux mots de façon indistincte. *Cor, cordis* en latin renvoie aux émotions, à l'intelligence et à la volonté, ces éléments déclencheurs du courage. La force est la toute première vertu (vertu est un dérivé du latin *vis*, la force). Dans l'Antiquité, c'est être capable de se battre, sans craindre la défaite ni la mort, le courage se rapproche ainsi de la virilité. La virilité constitue donc le « nerf » du courage héroïque qui s'impose comme modèle. Selon Platon, le cœur, qui occupe une place intermédiaire entre la tête, la raison et le ventre, est le lieu du courage. Entre couardise et témérité, le courage articule ainsi la capacité de raisonner et de désirer. Y aller ou pas ? Aurions-nous le courage d'intervenir face à une situation qui l'exige ? Nous pouvons tout aussi bien admirer le héros qui se lance et qui s'interpose que celui qui réfléchit et temporise. Il n'y a de courage que s'il y a prise de conscience de la peur. Le courage ne peut être une mise en danger puisque c'est une défense de la vie. C'est par exemple savoir dire non à la guerre en Irak, comme le fit Dominique de Villepin dans un discours vibrant qui marquera les esprits tant en France qu'à l'international le 14 février 2003 devant le Conseil de sécurité de l'ONU. Le courage c'est également l'engagement de Robert Badinter contre la peine de mort en France qui a abouti à son abolition le 9 octobre 1981 après deux siècles de débats. Le courage dont il va falloir faire preuve dans les prochains mois et les prochaines années sera celui de notre responsabilité vis-à-vis des générations à venir et des décisions qui devront être prises sans perspective électoraliste.

Le courage peut résider dans l'acceptation du compromis ou dans sa forme la plus pure, la concorde, c'est-à-dire l'union des cœurs et des volontés, voire l'union des âmes selon Spinoza[49]. C'est donc une relation de justice qui repose sur le partage de convictions communes auxquelles des membres souscrivent. Face à des intérêts divergents, à la soif de pouvoir, est-ce possible d'envisager une union des âmes politiques ? La concorde pour Spinoza est la condition même de la liberté politique, une forme de préalable à toute société, antérieure à tout rapport de justice puisque ne reposant pas sur un contrat. Si la concorde repose sur cette union des cœurs, il convient alors de partager les mêmes valeurs civilisationnelles, c'est-à-dire une histoire commune, et une volonté de se projeter ensemble. Le mot concorde est construit sur le préfixe latin *cum* qui signifie avec, et *cor*, le cœur, pour traduire l'union des cœurs et l'accord entre plusieurs personnes. Concordia (Concorde), déesse du paganisme, est représentée dans l'allégorie politique du XVe siècle par les instruments à cordes. Cette allégorie repose sur le rapprochement établi par Platon (*Les Lois, livre* 2) entre l'homme politique et le musicien, tous deux recherchant l'harmonie. Le verbe s'accorder, que l'on retrouve dans le domaine musical, reflète aussi cette notion. Dans de nombreux portraits, les monarques sont dotés d'un instrument de musique et de partitions, incarnant l'idée d'un État dirigé avec tempérance et harmonie mais aussi avec cœur et courage.

Nous en sommes loin, au regard des invectives nombreuses et parfois outrancières qui gangrènent les échanges à l'Assemblée nationale. Le général de Gaulle avait fait de l'Assemblée nationale le prolongement de la volonté présidentielle afin d'éviter l'immobilisme des réformes et l'instabilité gouvernementale. À défaut de concorde, le compromis peut-être une solution de repli. Ce fut le cas dernièrement de la propo-

49 Baruch SPINOZA, Œuvres complètes, Robert Laffont, 2019

sition de loi pour augmenter les retraites les plus basses des agriculteurs, fruit d'un dialogue entre la majorité et le Parti communiste. Il n'est donc pas nécessaire de passer par des coups d'éclat ou des batailles stériles, on peut choisir l'avancée concrète et discrète.

Le goût des autres

On clashe, on tacle, on bâche, on casse, on ne débat plus, on porte l'estocade. En septembre 2020, la revue *Le Débat* initiée par Pierre Nora et Marcel Gauchet cessait d'être publiée. Ce dernier analysait cette disparition en des termes inquiétants : *« Lorsque nous avons lancé* Le Débat *en 1980, nous anticipions sur la fin de la confrontation Est-Ouest, bloc contre bloc, démocrates contre totalitaires. Un espace s'ouvrait pour des discussions plus apaisées, des controverses approfondies. Aujourd'hui, la vie publique se résume à des polémiques médiatiques où l'on se contente d'asséner des affirmations dont la véhémence vaut preuve. Cela ne laisse plus beaucoup de place pour une argumentation développée. »*[50] C'est bien cela que nous avons perdu, l'acceptation d'opinions divergentes, le respect de ses interlocuteurs, l'éthique dans l'échange, l'honnêteté intellectuelle et surtout l'écoute. Comme le soulignent Bertrand Périer[51] et Guillaume Prigent dans leur livre *Débattre, comment nous reparler ? « La France n'a jamais été aussi attentive à la question de la parole, mais jamais aussi rétive à la question du débat. »*

Le verbe débattre est initialement synonyme de « battre fortement », notamment le lait pour faire du beurre. En 1283, se

50 Marcel GAUCHET, interview, *L'Obs*, 31 août 2020

51 Bertrand PÉRIER, Guillaume PRIGENT, *Débattre, comment nous reparler ?* Flammarion 2022

repère cependant une heureuse évolution, précisément dans *Les Coutumes de Beauvaisis*, où débattre prend un sens second, celui correspondant au fait, pacifique, de discuter. Débattre pour ne pas se battre… Le débat viserait précisément à éviter d'avoir à se battre. Le débat, lorsqu'il emprunte plutôt la forme du combat d'idées, tend à se transformer en démonstration de force en lieu et place d'une argumentation. Les Français font le même constat puisqu'ils sont 43% à être déçus et même 31% à être en colère lorsqu'ils assistent à des débats politiques[52].

Aujourd'hui, le débat prend la forme d'une dramaturgie, d'un spectacle, d'une arène où les mises à mort verbales sont devenues légion : *« Ave, imperator journaliste, ceux qui vont mourir te saluent »*. La comédie du pouvoir est bel et bien présente, on se confie chez soi sur un canapé, on passe au tableau et on est face à Baba.

Dialoguer c'est moins communiquer à autrui des pensées déjà construites que s'efforcer de les reproduire en les formulant devant lui, en acceptant de s'exposer aux critiques. Dialoguer c'est aussi, en prévoyant les objections, éprouver la solidité de ses arguments. Le dialogue porte donc plus loin l'exigence de la pensée. Les fameux *Dialogues* de Platon mettent en scène une pensée en construction, les objections de Socrate obligeant ses interlocuteurs à se mettre en quête d'une vérité qu'ils croyaient déjà posséder. De l'opinion à la vérité, du particulier à l'universel, le dialogue est le chemin même de la philosophie, la pensée étant le dialogue de l'âme avec elle-même, encore faut-il éviter le dialogue… de sourds ! La simple présence d'autrui ne suffit pas à dialoguer, on peut monologuer à plusieurs, dans le consensus. Le dialogue est constitutif d'un monde véritable humain, c'est-à-dire d'un monde commun,

52 Sondage Happydemics réalisé pour *Démostalgie*

composé de l'entrelacement des différences. Compréhension, acceptation mais aussi négociations, le dialogue doit permettre l'écoute avant tout.

Pour Albert Camus[53], « *Chaque génération, sans doute, se croit vouée à refaire le monde. La mienne sait pourtant qu'elle ne le refera pas. Mais sa tâche est peut-être plus grande. Elle consiste à empêcher que le monde se défasse.* »

En 2017, Emmanuel Macron l'avait déjà pressenti : le défi des prochaines années pour la France serait de remédier à l'effondrement des partis politiques traditionnels, vidés de leur substance, en créant des moments de délibération permettant de redonner un nouveau souffle au débat public. Il ne s'agit pas, à proprement parler, de donner la parole aux citoyens mais d'aller au plus près de leurs préoccupations. Le succès de la « grande marche » et la multiplication des comités locaux furent les témoignages d'une forte attente en ce sens. La délibération ne se pratiquant peu ou plus au sein des partis, celle-ci s'est disséminée dans l'espace public au sein d'une « opinion publique » atomisée, phénomène accentué par les réseaux sociaux.

Or, comme le soulignait Alexis de Tocqueville dans son ouvrage *De la démocratie en Amérique*[54] : « *Le jury apprend à chaque homme à ne pas reculer devant la responsabilité de ses propres actes ; disposition virile sans laquelle il n'y a pas de vertu politique. Il revêt chaque citoyen d'une sorte de magistrature ; il fait sentir à tous qu'ils ont des devoirs à remplir envers la société, et qu'ils entrent dans son gouvernement. En forçant les hommes à s'occuper d'autre chose que de leurs propres affaires, il combat l'égoïsme individuel, qui est comme la rouille des sociétés.* »

53 Albert CAMUS, discours prononcé à l'académie Nobel à Stockholm, 10 décembre 1957

54 Alexis de TOCQUEVILLE, *De la démocratie en Amérique*, Flammarion, 2010

Le Grand Débat national ou la Convention citoyenne, moments de catharsis collective nécessaires, n'ont malheureusement pas abouti à un projet concret. Ce qui leur a peut-être manqué : la prise en considération de la distanciation sociale, véritable mal pour notre société, qui dénoue un peu plus chaque jour les liens entre les citoyens que nous sommes. Face à ce constat, il apparaît urgent et primordial de redonner du sens mais aussi corps à la grande idée de Tocqueville : l'interpénétration de la société civile et de la société politique. Il nous appartient, désormais, de ne plus être « modérément » démocrates mais de tout mettre en œuvre pour consolider le tissu social en récréant des espaces de dialogues interindividuels, des lieux de discussion mais également d'instruction de la démocratie. Ces moments de délibérations citoyennes, véritables miroirs de la société, doivent répondre à plusieurs objectifs et non des moindres : avoir le souci de son prochain (ce que l'épreuve de la pandémie n'a pas toujours fait ressortir) mais également faire l'apprentissage de la chose publique, de l'action et de la responsabilité citoyenne. Ne sont-elles pas les meilleurs remparts contre les aveuglements naturels ?

Au-delà du temps fort que représente le vote, il faut également repenser des lieux d'expression qui sont aujourd'hui totalement fragmentés. Dans les pays anglo-saxons, on trouve au sein des universités des maisons et des clubs qui organisent des séances de débat. Plusieurs études ont montré que participer à un club universitaire contribue, entre autres, au développement de l'esprit critique, aux échanges interculturels mais aussi à l'épanouissement scolaire. Hors des cours traditionnels, les établissements mettent l'accent sur l'éducation informelle, les *extracurriculars*. Les clubs permettent aux étudiants d'exercer leur créativité ou de développer un talent, à travers des journaux d'étudiants qui couvrent les informations du campus ou la politique par exemple. Ces mêmes étudiants sont responsabilisés dans la prise en charge de l'administration du club. À Londres, on peut prendre la parole au Speakers' Corner dans le célèbre Hyde Park. Ancienne place où se déroulaient les exécutions capitales, c'est au XVIIe siècle que les derniers mots des condamnés deviennent des prises de position politiques. Pour éviter les émeutes, le pouvoir transfère les exécutions directement dans les prisons. La place reste cependant le lieu de rassemblement des Londoniens qui continuent de prendre la parole sur des sujets politiques ou sociaux. Le Speakers' Corner naît officiellement en 1872 avec le Parks Regulation Act, qui autorise chacun à prendre la parole publiquement.

En France, même si l'Éducation nationale tente de mettre en place des initiatives, l'école reste un lieu de transmission plus que de débats. On met en place des expérimentations dans des tiers lieux, des espaces de coworking, fab labs, friches qui mutualisent des compétences hybrides permettant la coopération et le développement de collectifs de citoyens engagés. On voit fleurir des initiatives telles que les Social Bars qui se sont installés depuis 2016 dans plusieurs grandes villes. Leurs fondateurs, Renaud Seligmann et David Rivoire, ont également fondé l'École de la convivialité pour se former à l'inclusion et renouer le lien social en ville. Autre projet qui met en avant le débat, La Maison de la conversation à Paris fondée par Xavier Cazard. Un tiers lieu d'innovation et d'expérimentation, dont l'ambition est de réhabiliter la conversation, essence des liens pour faire société. L'objectif de ces lieux est de retrouver du « nous », quels que soient son quartier, ses origines, son salaire, son âge, son sexe.

Pour les espaces dédiés à la politique, on pourrait objecter le fait que le conseil municipal est encore un lieu d'échanges. Malheureusement, les quelques personnes qui assistent à une séance interviennent rarement, étant le plus souvent de simples spectateurs. Certes, elles peuvent soumettre leurs questions avant la séance du conseil mais aucune spontanéité n'est de mise. Il pourrait tout à fait être envisagé de sélectionner des habitants en charge, par roulement, de rédiger un compte rendu des séances du conseil afin de retranscrire factuellement dans le journal municipal les débats dans une démarche citoyenne. Il en va de même pour les conseillers de l'opposition dont la traditionnelle question orale ne peut être débattue, uniquement lue par le maire à laquelle ce dernier donne une réponse. Le rôle des élus de l'opposition pourrait être réinventé en laissant davantage de place aux débats, en repensant les délais d'invitation et de documentation pour les séances. L'Association des élus locaux d'opposition (AELO) formule, à ce titre, et de façon totalement indépendante des partis politiques, des propositions de contrôle et de contre-pouvoir. En effet, l'envie de délibérer passe également par une plus grande reconnaissance de ces élus.

Retrouver le sens de la citoyenneté

La crise sanitaire a été un puissant révélateur de notre vulnérabilité collective, jetant une lumière crue sur la fragilité de notre système hospitalier et révélant notre difficulté à anticiper les crises tant d'un point de vue sanitaire, humain, que politique. Face à l'incertitude et à l'anxiété, certains ont cru bon de se réfugier dans une opposition frontale aux instances médicales. Ce faisant, ils ont oublié d'une part que la médecine n'est pas une science exacte et d'autre part que la parole du médecin s'appuie sur une expertise et une expérience que le bon sens commun ne saurait supplanter.

Cette séquence a donné lieu à une confusion dans les discours marquée par un relativisme grandissant. Alors que la situation incitait à la réserve et à la prudence, nous avons vu fleurir des spécialistes autoproclamés du virus. Ceux-ci ont été largement entendus et relayés. Nous sommes désormais confrontés à une explosion de l'effet Dunning-Kruger, ce biais cognitif étudié aux États-Unis par deux psychologues américains qui lui ont donné leurs noms dans les années 90. En 1995, un braquage est commis en plein jour par un homme dont le visage était couvert de jus de citron. Celui-ci étant convaincu qu'au même titre que l'encre sympathique, le citron le rendrait invisible des caméras de surveillance. À la suite de ce fait divers, Dunning et Kruger ont tenté de comprendre le lien entre incompétence et assurance qui reprend l'affirmation de Darwin selon laquelle *« l'ignorance engendre la confiance en soi plus fréquemment que ne le fait la connaissance »*. Ce biais cognitif totalement paradoxal repose sur le fait que la seule façon de se rendre compte de son incompétence est de devenir compétent mais également que l'assurance est plus forte lorsque l'on est ignorant.

Le philosophe britannique Bernard Williams[55] a observé dans son livre *Vérité et véracité, Essai de généalogie* que coexistaient un attachement à la véracité qui amène à traquer les mauvaises intentions ou les motivations cachées et une défiance tout aussi forte à l'égard de la vérité. Le désir de véracité génère un processus critique généralisé conduisant à la remise en question des vérités. Or, en cherchant à dépasser les apparences, à quelles vérités peut-on être fidèle ? Cette attitude conduit inexorablement à l'affaiblissement de la parole scientifique mais également à une remise en cause de la parole institutionnelle.

Jamais avant la crise sanitaire nous n'avions pu en faire le constat aussi net : en permettant à chacun de s'exprimer, les réseaux sociaux laissent aussi le champ libre à des affirmations erronées et à l'expression de discours parfois irrationnels. Se

55 Bernard WILLIAMS, *Vérité et véracité, Essai de généalogie*, Gallimard, 2006

pose alors la question de savoir pourquoi ces discours bénéficient d'une viralité aussi grande. Plusieurs explications à cela. D'une part un besoin de réponses face à une situation particulièrement anxiogène, d'autre part, un désamour des Français envers leurs institutions et les dirigeants politiques qui favorise le succès de voix dissonantes. Mais plus généralement, parce que ces discours sont souvent portés par des individus disposant d'une forte audience auprès d'une communauté fidèle et acquise à leur cause. Seulement, et bon nombre de nos concitoyens ont tendance à l'oublier, l'audience n'est pas la légitimité. N'en déplaise à certains, la notoriété n'est pas gage de la pertinence du propos. Cette distinction est impérative pour mieux appréhender le flux d'informations circulant sur les réseaux sociaux. Face à toute déclaration sur les réseaux, il est impératif de se poser les questions suivantes : qui s'exprime ? Dans quel but ? Sur la base de quelles sources ? Ce qui implique de produire un effort intellectuel consistant à s'interroger et à s'informer sur la légitimité de celui qui s'exprime tout en essayant de voir là où il souhaite nous emmener.

Si l'on accorde autant de crédit aux faussaires de la vérité, c'est aussi parce que nous avons perdu la culture des classiques. Rejetant un savoir jugé élitiste à tort, nous avons laissé prospérer une idéologie pernicieuse que résume bien la philosophe et enseignante Audrey Jougla : *« Tout est bien, tout se vaut : ce qui est à l'œuvre n'incite pas au discernement, mais au contraire à aplanir toutes les différences. Les jeunes peinent alors à faire la distinction, entre l'opposition argumentée et rationnelle que l'on peut soulever (non, tout ne se vaut pas) et la possibilité de l'entendre en société ».*[56]

D'où la nécessité impérative de réhabiliter notre patrimoine

56 Audrey JOUGLA, *De l'or dans la tête. Repenser l'éducation pour réparer l'école*, Double ponctuation, 2022

littéraire et historique. S'ils maîtrisent les grands classiques de la littérature et les évènements majeurs qui ont jalonné notre histoire, les citoyens de demain disposeront du socle intellectuel indispensable pour délibérer. Ce voyage à travers l'histoire est aussi l'occasion de prendre conscience de l'immensité des savoirs qui donne à chacun l'humilité intellectuelle nécessaire pour débattre. Pourquoi ne pas imaginer la mise à disposition d'une plateforme digitale culturelle où un ensemble d'œuvres, de pièces, de tableaux pourrait être mis à disposition pour tout un chacun ? Cette initiative permettrait de réduire le fossé qui se creuse entre ceux qui ont la possibilité d'aller dans les musées ou au théâtre par exemple et ceux qui n'en ont pas les moyens (pécuniaires, logistiques, géographiques…).

Alors que les réseaux sociaux nous enferment dans le nombrilisme, l'histoire nous situe dans un vaste ensemble dont nous ne sommes qu'une infime partie. L'histoire tout en nous éclairant sur notre passé, nous fait saisir à quel point nous sommes bien peu de chose. Face au narcissisme ambiant, il faut réhabiliter l'humilité socratique fondée sur la maxime suivante : « Tout ce que je sais c'est que je ne sais rien ».

Cette rencontre avec les grandes femmes et les grands hommes mais aussi les grandes œuvres qui ont fait notre histoire et la richesse de notre culture ne peut que nous aider à sortir du relativisme ambiant qui, fondé sur un nivellement par le bas, contribue à abaisser un peu plus le niveau du débat. Entendons-nous bien : si le projet démocratique signifie qu'une voix ne vaut pas plus qu'une autre dans les urnes, cela ne veut pas dire que tous les discours se valent. Chacun doit pouvoir s'exprimer tout en gardant à l'esprit que des experts d'un sujet donné disposent d'une plus grande légitimité pour s'exprimer à ce sujet. Il faut en effet impérativement redonner toute sa place aux discours scientifique et intellectuel afin de distinguer beaucoup plus nettement le rôle de chacun et éviter des polémiques inutiles et la diffusion massive de *fake news* qui chaque jour fracturent un peu plus notre société.

Depuis trente ans, le niveau de mathématiques des élèves baisse alors même que nous avons besoin d'un bagage scientifique solide. Au lycée, dans le tronc commun, l'enseignement de culture scientifique concerne deux heures sur les 28 enseignées alors même que nous avons pris conscience des enjeux majeurs que sont le climat et la santé. Or, il est essentiel de construire une méthode reposant sur la science afin de parer aux *fake news.*

Dans une approche utilitariste de l'école selon laquelle cette dernière n'aurait que vocation à poser les bases de notre carrière professionnelle, nous avons tendance à omettre qu'elle n'est pas seulement le lieu de l'apprentissage des savoirs fondamentaux. Conformément à l'esprit du projet républicain, l'école doit également former les citoyens de demain. Malheureusement, selon les chiffres de notre sondage[57], seulement 47% des Français pensent que l'école à un rôle à jouer pour rétablir la confiance entre les citoyens et les dirigeants politiques. Ce travail sur le long terme repose principalement sur trois objectifs : l'acquisition d'une culture civique, l'apprentissage de l'argumentation, le développement de l'esprit critique. Oui, l'école peut nous enseigner les règles de tout débat digne de ce nom.

Comme le souligne Didier Pourquery[58] : *« À l'heure où l'on valorise beaucoup l'expression orale, l'éloquence, je pense qu'il est*

57 Sondage Happydemics réalisé pour *Démostalgie*
58 Didier POURQUERY, « Le courage de la nuance pour sauver le débat », interview pour À priori(s), 7 mars 2022

important d'apprendre à écouter l'autre, ses arguments, son point de vue. Le vrai débat se nourrit de l'écoute et de la conversation. L'éducation à la curiosité est aussi essentielle, dès le plus jeune âge. Si cette qualité est présente chez tous les enfants, c'est à l'adolescence qu'elle commence à être bridée. Président de Cap Sciences à Bordeaux, un centre de culture scientifique et technique, je constate à l'occasion de visites scolaires que les élèves de l'école primaire ont une curiosité incroyable et qu'ils sont un public très enthousiaste pour la vulgarisation scientifique. »

Pour cultiver son esprit critique, il est indispensable de douter. À cet égard, la philosophie nous aide à mieux penser les enjeux liés grâce à la « pensée complexe » (concept initié par Edgar Morin) : *« penser la complexité permet de penser le désordre et non de le fuir*[59] ». Reconnaître l'incertitude et l'incomplétude de toute connaissance permet de sortir de l'hyper-rationalisation qui veut enfermer la réalité dans un système cohérent. Par exemple, l'Université de Grenoble enseigne des cours de « zététique et autodéfense intellectuelle » afin de décortiquer les manipulations, les rumeurs, les *fake news* à l'heure de l'infodémie. Dérivé du grec *zêtein* (chercher) la zététique est, selon le *Larousse* de 1876, la *« nuance assez originale du scepticisme : c'est le scepticisme provisoire, c'est (...) considérer le doute comme un moyen, non comme une fin, comme un procédé préliminaire, non comme un résultat définitif »*. À condition de la pratiquer avec tact et honnêteté, comme le souligne Richard Monvoisin, docteur en didactique des sciences en charge du cours.

Sans le concours des parents, difficile de former comme il se doit les citoyens de demain. Mais leur tâche n'est pourtant pas simple. Leur parole, de même que celle des professeurs,

59 Edgar MORIN, *La Méthode*, Seuil, 2014

est concurrencée par d'autres voix, principalement celle des influenceurs dont le discours entre parfois en contradiction avec les principes de l'éducation citoyenne. Internet est un océan d'informations et les enfants ne sont pas dotés des outils nécessaires pour faire le tri entre celles qui sont fiables et celles qui sont erronées ou, pire encore, volontairement altérées. On pourrait, par exemple, imaginer la mise en place d'une charte d'engagement permettant d'identifier sur les réseaux sociaux les comptes tenus par des influenceurs ayant accepté de mettre en place des bonnes pratiques dans leur communication. Un mot-clé pourrait ainsi devenir le signe de ralliement dans la sélection de contenus. De même, la diffusion des programmes Lumni durant le confinement sur la chaîne France 4 a permis aux parents de découvrir qu'il était possible d'imaginer des émissions éducatives adaptées à chaque âge. Malheureusement le groupe France TV n'a pas souhaité poursuivre ce concept. C'est donc désormais via YouTube que nous pouvons retrouver les programmes le dimanche matin.

Ainsi, les parents ont un rôle majeur à jouer pour accompagner les enfants en accordant autant que faire se peut du temps pour répondre à leurs interrogations profondes et parfois radicales. La curiosité des enfants doit être cultivée comme un précieux jardin.

Répondre à la demande d'engagement citoyenne

Les citoyens boudent les urnes car ils estiment ne pas être entendus et que leur vote vient uniquement adouber une caste qui, quelle que soit sa couleur politique, décidera sans tenir compte de leurs intérêts voire, et cela fait le lit du populisme, contre leurs intérêts. Prenons l'exemple du référendum du 29 mai 2005 où le peuple français avait, par une large majorité, rejeté le Traité constitutionnel européen. Le non avait obtenu 54,87% des suffrages contre 45,13% pour le oui. Les abstentions avaient atteint 30,26%. Au total, 84 départements avaient voté non à la Constitution, contre 53 en 1992 à l'occasion du référendum de Maastricht. Le résultat du scrutin atterre la classe politique et médiatique qui croit y voir la victoire de l'ignorance et du populisme. Un vote ignoré par Nicolas Sarkozy ensuite qui fit ratifier le traité de Lisbonne qui, s'il change sur la forme, conserve l'essence du projet initial. Autre exemple, celui des Gilets jaunes qui, outre les revendications sur le pouvoir d'achat, défendaient également une autre façon de faire de la politique incluant davantage les citoyens, pointant du doigt la limite inhérente à la démocratie représentative. Au sein d'une démocratie représentative, on choisit ses représentants, on ne choisit pas les mesures qu'ils vont adopter. À partir de là, comment intégrer davantage les citoyens tant à l'élaboration des lois qu'à la prise de décision ? Les outils dont disposent les communes pour permettre à la population de s'exprimer ne semblent plus satisfaisants. Les consultations n'ont pas de caractère décisionnel, les pétitions n'obligent à rien et les enquêtes publiques reposent sur des projets déjà préemptés. Quant aux référendums locaux, ils reposent sur le bon vouloir des élus. Au demeurant, même lorsque de rares maires recourent à ces formes de consultation, celles-ci sont souvent perçues comme une action de communication politique. Est-ce que la procédure du Référendum d'initiative citoyenne (RIC) pourrait être mise en place ? En avril 2019, le Référendum d'initiative partagée (RIP) resurgit. Il se déclenche à *« l'initiative d'un cinquième des membres du Parlement, soutenue par un dixième des électeurs »*, selon l'article 11 de la Constitution. Le président de la République, Emmanuel Macron, a proposé de le refondre face à un RIC pouvant représenter un moyen de contrecarrer la souveraineté parlementaire au profit de groupes de pression.

Ces exemples récents ont accentué la défiance des citoyens et abîmé leur engagement, comme le confirme une étude de la Fondation Jean-Jaurès[60]. L'engagement n'est pas mort, c'est la politique qui est moribonde et le lien de confiance des

60 Étude de la Fondation Jean-Jaurès : « Les Français et l'engagement », 27 juillet 2021

Français dans les politiques et leur capacité – essentielle – à tenir leurs engagements qui est mort. Il apparaît aujourd'hui indispensable de réparer cet état de fait, de réconcilier engagement citoyen et politique, de trouver les leviers pour mobiliser les énergies qui sont à l'œuvre dans la société civile. Les pistes de réflexion sont nombreuses : réforme des modes de scrutin, modernisation du vote (électronique, à distance…), reconnaissance du vote blanc pour lutter contre l'abstention, etc. Mais cette étude montre bien que, au-delà de cela, il y a un enjeu humain. Celui de la capacité des femmes et des hommes politiques à tenir leurs engagements, pour regagner la confiance des citoyens et les réengager à leurs côtés, dans une forme de réciprocité.

Pourtant les Français ont toujours eu le sens de l'engagement public. En pratique, si les Français sont encore plus nombreux à avoir des convictions et à les défendre auprès de leurs proches, seule une minorité d'entre eux (40%) déclarent les défendre de manière publique, un résultat qui fait écho à cette vision avant tout personnelle et individuelle de l'engagement.

D'ailleurs, de façon très concrète, les Français s'engagent davantage via des actions personnelles (signer une pétition, faire un don ou encore boycotter une marque ou une entreprise) que collectives (grèves et manifestations, pratiquées par une minorité des personnes interrogées). De la même manière, seul un tiers des Français déclare être membre d'une association, d'un syndicat ou d'un parti politique ou faire partie d'une réserve citoyenne, et peu sont membres actifs. Ainsi, 2% des Français déclarent être membre d'un parti et y participer activement, 4% d'un syndicat et enfin 9% d'une association qui défend une cause.

Pour autant, les Français ne considèrent pas les responsables politiques sincères et dignes de confiance lorsqu'ils prennent des engagements : 25% seulement jugent qu'ils sont sincères quand ils le font (dont 3% seulement « tout à fait sincères ») et 21% qu'ils arrivent globalement à tenir ces engagements (3% « tout à fait »). Ce qui vient sans doute expliquer également pourquoi l'engagement passe, selon eux, d'abord par la société civile, apolitique, dans un contexte de grande défiance ou de désillusion à l'égard de la parole politique. Et qu'*a contrario*, les entreprises en qui les Français sont 42% à faire confiance pour tenir leurs engagements occupent de plus en plus le champ de la responsabilité et du politique (loi Pacte, « raison d'être », etc.).

Engager signifie étymologiquement mettre en gage, puis le verbe a pris le sens figuré de pénétrer, notamment un espace occupé. On dit, par exemple, que l'on engage le ballon dans la mêlée ou que l'on engage la discussion. Au XIXe siècle, le terme prend une connotation guerrière puisqu'il est utilisé pour signifier l'introduction d'une unité militaire dans une bataille mais également cette dernière. On retrouve cette double dimension dans l'engagement politique puisque c'est à la fois une décision pour une cause, une idée, un combat mais également l'action qui en découle. Or, les repères politiques que nous avions sont brouillés et les organisations politiques, comme les syndicats, ne font plus recette. En votant, on affirme une position, un choix pour la collectivité ou la nation. Ce n'est qu'au XXe siècle que le verbe a pris véritablement cette dimension d'entrer en action. L'engagement devient alors le fait de participer à un projet. En anglais, avec le terme *commitment*, l'idée de gage a disparu au profit de la commission (mouvement d'envoi et de relation). L'engagement est ici mission et promesse, prises au présent mais actées dans le futur. La notion d'engagement s'est élargie ces dernières années, ne recouvrant plus uniquement l'action politique concrète mais également l'intérêt pour l'action publique.

L'engagement est issu d'un libre choix, cette volonté de faire bouger les lignes, faire avancer les choses, c'est donc un acte volontaire mais également d'assujettissement, générant des contraintes. On tient un engagement mais on est tenu par lui. Même si l'acte de départ est solitaire, son contenu est éminemment solidaire car de l'individu, nous passons au collectif, allant du dépassement du soi à la communion du nous. Or, il n'y a pas d'engagement sans cause, permettant de passer du pourquoi au pour quoi. C'est bel et bien cette cause qui semble faire défaut en politique, il est donc urgent de redonner l'envie en repensant l'engagement tel que nous le concevions. Selon Pierre-Henri Tavoillot[61], *« Nous sommes aujourd'hui dans une logique qui n'est plus communautaire et qui ne s'inscrit pas dans le long terme. Nous avons des militants sans partis et des partis sans militants. Il va falloir inventer quelque chose, que ces mouvements à venir parviennent à créer des services, apportent une valeur ajoutée aux individus, en termes de débats, de formation, de convivialité. »*

La plateforme d'accompagnement d'associations HelloAsso a réalisé une étude avec OpinionWay auprès d'un panel de 1 019 personnes sur l'engagement citoyen et solidaire. 1 Français sur 2 pratique une activité collective. Ces activités sont en priorité le sport (21%) mais aussi l'art, la culture et l'engagement climatique (15% chacun). La jeune génération prend les devants en étant la plus investie dans les activités de groupe : c'est le cas pour 81% des 18-24 ans. 72% des Français reconnaissent le rôle essentiel des associations et 8 Français sur 10 estiment

61 Pierre-Henri TAVOILLOT, « La saveur de la complexité est meilleure que le goût de la certitude », interview pour À priori(s), 27 juin 2022

que notre société n'est pas assez soudée. Comme le souligne le philosophe et politique Gaspard Koenig dans une interview pour À priori(s)[62] : *« Un million de Français sont investis dans une association : c'est un chiffre absolument colossal qui témoigne de l'intérêt des Français pour la chose publique ou leur prochain. C'est pourquoi je pense que l'abstention s'explique avant tout du fait d'un problème institutionnel et n'est pas liée à un problème d'engagement citoyen. »* Anne Nivat pose la même question après avoir voyagé dans les profondeurs du territoire et écrit le livre *La France de face* : comment l'engagement au quotidien peut être reflété par des structures plus représentatives ou nationales ?

De nouvelles formes de participation ont émergé remettant en cause nos schémas traditionnels de l'engagement. Des grands enjeux, dans de nouveaux lieux et sous de nouvelles formes, tendent ainsi à se développer.

Or, nous sommes face à un vrai paradoxe entre l'existence de nombreux outils participatifs et leur manque d'appropriation par les politiques alors même que pour gagner la confiance des citoyens, il faut désormais que le projet de démocratie participative soit porté par des personnalités convaincues, motivées et formées. La concertation est un élément clé qui peut prendre différentes formes, comme l'organisation de débats publics. Selon le philosophe Jean-Louis Benoît, toujours dans une interview pour À priori(s)[63], *« Il convient de renforcer la pratique des référendums au niveau local. Autrement dit, à propos de sujets qui sont susceptibles de parler aux citoyens. Ainsi, ils se sentiraient davantage liés*

62 Gaspard KOENIG, « Les Français ont un vrai appétit de discussion politique, de débat », interview pour À priori(s), 24 août 2022

63 Jean-Louis BENOÎT, « La montée de l'abstention correspond à une usure démocratique », interview pour À priori(s), 8 juin 2022

au monde politique. Car pour que la démocratie fonctionne, il est indispensable que les citoyens soient impliqués dans la vie de la cité. Tocqueville insistait déjà sur la nécessité d'avoir des "citoyens actifs" et notamment sur l'importance des associations car la démocratie doit également partir de la base ! »

Garantir la sincérité du processus de consultation, mais également des informations communiquées et transmises, sera aussi la condition *sine qua non* d'une relation de confiance entre les citoyens et leurs dirigeants politiques. Le monde a changé, il faut désormais intégrer la pensée en « réseau », dans tous les sujets et dans toutes les approches. L'engouement des plus jeunes pour les outils numériques a favorisé l'émergence de nouveaux comportements (maillage, réseaux sociaux, recherche d'intelligence collective, prise de conscience et esprit de responsabilité, remise en cause des hiérarchies, etc.) qui vont amener à un renouvellement démocratique, en offrant aux élus des solutions pour une démocratie plus ouverte et transparente. C'est un moyen d'action pour faire de la politique autrement et redonner envie de s'engager.

Les citoyens pourraient être tirés au sort, par circonscription, représentant les différents corps sociaux, autour d'une thématique nationale prédéfinie par le président de la République et selon des règles bien établies. Cette confrontation des idées permettrait ensuite aux députés de produire des décisions plus opérationnelles dans un plus grand respect diminuant, *de facto*, les risques de conflit ». Gil Delannoi, directeur au Cevipof (Centre de recherches politiques de Sciences Po) et auteur du livre *Le Tirage au sort, comment l'utiliser ?*[64], sou-

64 Gil DELANNOI, *Le Tirage au sort, comment l'utiliser ?*, Presses de Sciences-Po, 2019

ligne dans une interview pour le magazine *Cogito*[65] le 6 juillet 2019 : *« Puisque le tirage au sort contribue, en général, à l'égalité, l'impartialité, la sérénité dans tout groupe, à tout niveau, depuis une petite association jusqu'à une grande nation, il est utilisable mais, selon moi, il doit être complété par l'élection par vote. Le substituer aux élections est dangereux. Dans une démocratie, il faut des représentants actifs et pas uniquement représentatifs. »*

Dernièrement, 150 Français ont été tirés au sort pour participer à la convention citoyenne sur l'accompagnement de la fin de vie. Ce tirage a été réalisé à partir de listes d'abonnés téléphoniques mais également par la génération aléatoire de numéros de portables. Des critères de pondération, reposant sur le genre, l'âge, le lieu d'habitation et la catégorie socio-professionnelle ont été déterminés afin d'offrir une diversité de points de vue. Le pilotage de cette Convention citoyenne a été confié au Conseil économique, social et environnemental (CESE) qui a lui-même constitué un comité de gouvernance en charge d'assurer le suivi méthodologique du dispositif et de veiller aux principes de transparence et de neutralité.

Réunie depuis le 9 décembre, cette convention clôturera ses travaux le 19 mars 2023 après avoir eu la possibilité d'assister à des auditions avec des professionnels de la santé ou personnalités scientifiques, personnes déjà confrontées à la fin de vie d'un proche, ou encore associatifs, afin que chacun puisse être en mesure de débattre. En parallèle, la ministre de l'Organisation territoriale et des Professions de santé mène une concertation avec les parties prenantes : professionnels, associations et parlementaires. Afin de ne pas susciter la même déception que la convention citoyenne sur le climat, le texte sera examiné par le Parlement ou soumis à référendum.

65 Gil DELANNOI, entretien pour *Cogito*, « La légitimité du tirage au sort », 6 juillet 2019

Le développement de ce type de conventions est essentiel pour assurer la représentativité des citoyens sur un débat de société. Afin de pouvoir les multiplier, l'échelle locale pourrait être une première strate permettant aux citoyens de réinvestir le champ de l'engagement avec la mise en place d'actions concrètes et de proximité. C'est également en développant ce type d'initiatives que certains d'entre nous pourront trouver ou retrouver le goût de la chose publique. C'est aussi l'occasion de restaurer le lien de confiance entre les citoyens et le politique.

Autre exemple récent, l'initiative proposée par la région Occitanie sous l'impulsion de sa présidente, Carole Delga. Cette initiative s'intitule « Ambition région citoyenne ». La région s'est fixé une feuille de route sur plusieurs années en matière d'engagement citoyen et de participation. Depuis 2016, près de 500 000 citoyens ont participé de manière active aux différentes démarches de concertation et de développement de la citoyenneté mises en place par la région.

Il n'est donc pas trop tard pour réagir et se donner une seconde chance de ne pas passer à côté de notre avenir. Le champ des possibles est vaste et ne demande qu'à être exploré, challengé sous l'impulsion conjointe des politiques et des citoyens. Il est encore possible de prendre notre destin en main en ne sacrifiant pas la prochaine génération, celle de nos enfants, sur l'autel des réseaux sociaux, de la facilité et du désengagement collectif.

Conclusion

Nul besoin d'être médecin pour qualifier notre pathologie : nous souffrons tous, peu ou prou, de démostalgie, perdus dans notre quête démocratique sans solution à court terme. Les causes de la démostalgie sont profondes et structurelles mais elles sont également renforcées par nos nouveaux usages qui en démultiplient les symptômes. Nous pouvons cependant tous reprendre la main et redevenir acteurs de notre idéal démocratique car la prise de conscience est bel et bien là.

Parce qu'il est de notre devoir de ne pas laisser la situation s'aggraver, nous pouvons faire le choix de la radicalité. Soyons clairs : il n'est pas question de radicalité au sens évoqué précédemment mais bien au sens étymologique du terme. Autrement dit des racines dans lesquelles nous puisons pour retrouver ce que nous sommes. Un remède radical est celui qui traitera les causes de la maladie et non les symptômes. Karl Marx dans sa *Contribution à la critique de la philosophie du droit de Hegel* affirme qu'*« Être radical, c'est prendre les choses par la racine »*. La radicalité renvoie à la fois à la profondeur et à l'origine. En société, elle touche au vivre-ensemble puisqu'elle reconfigure les rapports sociaux et le poids des minorités. Elle se nourrit de l'échec des actions traditionnelles et peut être perçue comme l'une des conséquences de la rupture démocratique.

La racine et l'enracinement sont des éléments clé de compréhension de la radicalité. Être enraciné, c'est appartenir à une communauté construite sur un passé transmis aux nouvelles générations. L'être humain doit retrouver une participation active dans la collectivité, comme le souligne Simone Weil dans son ouvrage *L'Enracinement* : *« Un être humain a une racine par sa participation réelle, active et naturelle à l'existence d'une collectivité qui conserve vivants certains trésors du passé et certains pressentiments d'avenir. »* Nous avons aujourd'hui la possibilité d'être radicaux sans être violents, cette voix existe avec vitalité et exigence.

Telle Antigone, nous pouvons être ceux qui disent non. Non pas à la société et à nos dirigeants politiques mais au système que nous avons nous-mêmes créé. Dans l'œuvre de Sophocle ressort la haine de la tyrannie, du pouvoir arbitraire d'un homme qui veut ériger en loi sa propre volonté, ce qui n'est pas comparable avec le pouvoir actuel. Antigone enrage du manque d'avenir imposé par les politiques et du déterminisme social (qui remplace la malédiction divine) de plus en plus prégnant. Elle estime n'être rien socialement et que sa vie n'a de valeur que morale. Cet état de conscience ne se mesure qu'à ses actes. Idéaliste et profondément attachée au libre arbitre, elle combat le réalisme politique. Pour Jean-Pierre Vernant, historien et anthropologue français, spécialiste des mythes grecs, la pièce *Antigone* illustre une étape dans l'histoire de la cité athénienne et de la démocratie de Périclès, celle où le culte des morts, fondement de la religion familiale va céder la place au culte de la *polis*, la démocratie, l'énergie de la prise de conscience morale et politique. La pièce de Sophocle met en avant le développement de la conscience, la possibilité de choix, le libre arbitre.

Alors que sévissent les hérauts du déclinisme, faisons le choix de l'optimisme raisonné. Ne soyons pas de faux malades, incapables de voir notre bonheur comme Molière le décrivait si bien dans sa pièce Le Malade imaginaire. Ce livre n'offre pas de fausse consultation, comme celle de Toinette prescrivant à Argan de se couper le bras pour soulager le mal. Si l'on suit le raisonnement de Molière, il y a peu de vrais malades et beaucoup de faux médecins. Quoi qu'il en soit, un même remède à chaque fois : libérer le corps de ses humeurs.

Gardons en mémoire que la rupture offre généralement une autre chance, une forme de renaissance ou de nouveau départ. Acceptons le changement de cap. Assumons-le. Laissons émerger une créativité, un courage, une impulsion collective que seuls les moments de désespoir peuvent produire.

Pour qu'elle puisse s'exercer pleinement, la fraternité doit ainsi trouver sa place dans un récit national qui manifeste un attachement à un projet collectif. Le nôtre est épuisé. Réhabilitons le goût du débat. Retrouvons le sens des mots.

Remerciements

Un grand merci à mon associé, Cyril Chassaing, compère depuis plus de quinze ans, pour sa compréhension face à toutes les idées, comme les hésitations, que je lui partage au quotidien.

Un grand merci aussi à Adrien Muzio et Adrien Rouvet pour leur participation à la préparation et la relecture de cet ouvrage ainsi qu'à Alice des Moutis pour sa conception graphique.

ET surtout, un grand merci à mes enfants, Faustine et Maxence, qui, avec patience, acceptent mes séances d'écriture et avec lesquels je partage mes plus belles discussions comme mes plus beaux débats.

Bibliographie

ARISTOTE, Les Politiques, Garnier Flammarion, 2015
Raymond ARON, Introduction à la philosophie politique, LGF 1997
Hannah ARENDT, Qu'est-ce que la politique ? Seuil, 1995
Dorian ASTOR, La Passion de l'incertitude, Éditions de l'Observatoire, 2020
John Langshaw AUSTIN, Quand dire c'est faire, Seuil, 1991
Olivier BABEAU, La Tyrannie du divertissement, Buchet-Chastel, 2023
Pierre-Simon BALLANCHE, Essai sur les institutions sociales dans leur rapport avec les idées nouvelles, Hachette Bnf, réédition de 2016, édition originale de 1818
Loïc BLONDIAUX, Bernard MANIN, Le Tournant délibératif de la démocratie, Les Presses de Sciences Po, 2021
Stefano BONI, Homo confort, L'Échappée, 2022
Gérald BRONNER, La Démocratie des crédules, PUF, 2013
Martin BUBER, Je et tu, Flammarion, 2012
Monique CANTO-SPERBER, Sauver la liberté d'expression, Albin Michel, 2021
François-René de CHATEAUBRIAND, Mémoires d'outre-tombe (Tome 2), Le Livre de poche, 2001
Daniel COHEN, La Mondialisation et ses ennemis, Grasset, 2004
Jonathan CURIEL, La Société hystérisée, Éditions de l'Aube ,2021
Frédéric DABI, La Fracture. Comment la jeunesse d'aujourd'hui fait sécession : ses valeurs, ses choix, ses révoltes, ses espoirs..., Les Arènes, 2021
Gil DELANNOI, Le tirage au sort, comment l'utiliser ?, Presses de Sciences-Po, 2019
David DJAIZ, Slow démocratie, Allary Éditions, 2019
Jérôme FOURQUET, L'Archipel français, Seuil, 2020
Renaud GARCIA, Le Désert de la critique, L'Échappée, 2021
Charles GIRARD, Délibérer entre égaux, Vrin, 2019
Charles GIRARD, Alice LE GOFF, La Démocratie délibérative, Hermann, 2010
Raoul GIRARDET, Mythes et mythologies politiques, Seuil, 1990
Florent GUÉNARD, La Démocratie universelle, Seuil, 2016
Thomas HOBBES, Léviathan, Folio Essais, 2000
Vincent JACQUET, Comprendre la non-participation, MPAAPM, 2020
Jean JAURÈS, Discours à la jeunesse, Éditions Marcel, 2020
Audrey JOUGLA, De l'or dans la tête. Repenser l'éducation pour réparer l'école,

Double ponctuation, 2022
Christopher LASCH, La Culture du narcissisme, Flammarion, 2018
Alain LAURENT, De l'individualisme, enquête sur le retour de l'individu, Presses universitaires de France, 1985
Marylin MAESO, Les Conspirateurs du silence, Folio le Forum, 2019
Michel MAFFESOLI, Le Temps des tribus : le déclin de l'individualisme dans les sociétés postmodernes, La Table ronde, 2000
Bernard MANIN, Principes du gouvernement représentatif, Flammarion, 2019
Claire MARIN, Rupture(s), Éditions de l'Observatoire, 2019
Karl MARX, Contribution à la critique de la philosophie du droit de Hegel, Éditions sociales, 2018
Chloé MORIN, Le populisme au secours de la démocratie ?, Gallimard, 2021
Edgar MORIN, La Méthode, Seuil, 2014
Laure MURAT, Qui annule quoi ? Seuil Libelle, 2022
Mohamed NACHI, Éthique de la promesse, l'agir responsable, Philosophie PUF, 2003
Anne NIVAT, La France de face, Fayard, 2022
Bertrand PÉRIER, Guillaume PRIGENT, Débattre, comme nous reparler ? Flammarion, 2022
PLATON, La République, Garnier Flammarion, 2002
Francis PONGE, Pour un Malherbe, Gallimard, 1965
Jacques RANCIÈRE, La Haine de la démocratie, La Fabrique Éditions, 2006
Alain RENAUT, Histoire de la philosophie politique, Calmann-Lévy, 1999
Paul RICŒUR, Parcours de reconnaissance, Folio Essais, 2004
Ayn RAND, La Vertu d'égoïsme, Les Belles Lettres, 2008
Pierre ROSANVALLON, La contre-démocratie. La politique à l'âge de la défiance, Seuil, 2006. Les Épreuves de la vie, Seuil, 2020
Jean-Jacques ROUSSEAU, Du contrat social, Garnier Flammarion, 2011
Mathias ROUX, La Dictature de l'ego, Larousse, 2018
Christian SALMON, L'Ère du clash, Fayard, 2019
Léopold SEDAR SENGHOR, Poésie complète, CNRS Éditions, 2007
Baruch SPINOZA, Œuvres complètes, Robert Laffont, 2019
John Stuart MILL, De la liberté, Gallimard, Folio Essais, 2008
Éric THIERS, La désobéissance civile : entre Antigone et Narcisse, l'egodémocratie, Pouvoirs, 2015
Alexis de TOCQUEVILLE, De la démocratie en Amérique, Flammarion, 2010
Sherry TURKLE, Seuls ensemble : de plus en plus de technologies, de moins en moins de relations humaines, L'Échappée, 2015
Simone WEIL, L'Enracinement, Gallimard, 1990
Bernard WILLIAMS, Vérité et véracité. Essai de généalogie, Gallimard, 2006

Articles, rapports et interviews

Jean-Louis BENOÎT, « La montée de l'abstention correspond à une usure démocratique », interview pour À priori(s), 8 juin 2022
André COMTE-SPONVILLE, Discours d'ouverture de la XIXe édition des Entretiens de Royaumont, 2 décembre 2022
Gil DELANNOI, entretien pour *Cogito*, « La légitimité du tirage au sort », 6 juillet 2019
Luc FERRY, entretien pour *Le Figaro*, « Narcissisme et bonheur personnel sont devenus l'alpha et l'oméga de toute vie », 28 décembre 2022
Rapport de Jérôme FOURQUET et Jérémie PELTIER pour la fondation Jean-Jaurès : « Grosse fatigue et épidémie de flemme : quand une partie des Français a mis les pouces », novembre 2022
Marcel GAUCHET, « Il faut remédier au malheur français », interview pour À priori(s,) 6 avril 2022. Interview, *L'Obs*, 31 août 2020
Sylvie Germain, entretien pour *Le Figaro étudiant*, « Ils ont une haine de la langue, de l'effort de réflexion », 21 juin 2022
Audrey JOUGLA, « Avec l'essor du numérique, la parole du professeur est fragilisée », interview pour À priori(s), 28 septembre 2022
Gaspard KOENIG, « Les Français ont un vrai appétit de discussion politique, de débat », interview pour À priori(s), 24 août 2022
Étienne KLEIN, « Réussir notre test d'intelligence collective », interview pour À priori(s), 12 mai 2022
Fondation Jean Jaurès, étude « Les Français et l'engagement », 27 juillet 2021
Yvan LUBRANESKI, interview pour *La Gazette des communes*, 16 novembre 2022
Pap NDIAYE, ministre de l'Éducation nationale et de la Jeunesse, tribune pour *Le Monde*, « Pourquoi nous devons réformer l'école », 22 décembre 2022
Didier POURQUERY, « Le courage de la nuance pour sauver le débat », interview pour À priori(s), 7 mars 2022
Rapport de Milan SEN, expert associé à la Fondation Jean-Jaurès : « Les Français et l'Europe : entre illusions perdues et appartenances nouvelles », octobre 2022
Rapport du think tank Terra Nova, « La recherche médicale en France : bilan et propositions », 18 janvier 2023
Sondage Happydemics pour *Démostalgie*, « Existe-t-il une cassure du lien entre les citoyens et la vie politique en France ? », février 2023
Échantillon de 1 043 répondants représentatifs de la population française en genre, âge et niveau de diplôme
Sondage Happydemics, « Quelle relation les Français entretiennent-ils avec la vie politique, et comment l'améliorer ? », septembre 2022
Échantillon de 1 079 répondants représentatifs de la population française en genre, âge et niveau de diplôme

Maxime TANDONNET, « L'effondrement du niveau intellectuel de la classe politique est une menace pour la démocratie », tribune parue dans *Le Figaro* le 2 février 2023
Pierre-Henri TAVOILLOT, « La saveur de la complexité est meilleure que le goût de la certitude », interview pour À priori(s), 27 juin 2022
Tom WOLFE, « The "Me" Decade, reports on the America's New Great Awakening », *New York Magazine*, 23 août 1976

Imprimeur :
Sprint Paris
Avenue Louis Roche - CS 30072
92622 Gennevilliers

Dépôt légal : Février 2023